그저 피아노가 좋아서

그저 피아노가 좋아서

문아람이 사랑한 모든 순간

별글

프롤로그

떨리는 마음으로 첫 에세이를 내게 되었습니다. 《그저 피아노가 좋아서》에는 음악 지식이나 철학이 아닌 꿈을 이루려는 청년의 도전과, 아직은 부족하고 배워야 할 것이 많은 음악 학도가 피아니스트라는 최종 도착지를 향해 한 걸음씩 나아가는 여정이 담겼습니다.

이 책은 작고 예쁜 시골에 사는 한 소녀가 피아노를 만난 이야기를 시작으로, 온통 피아노 생각뿐이던 10대를 지나, 낯선 도시 서울과 거리를 무대로 본격적인 꿈길에 들어선 시절까지를 그리고 있습니다. 제 감정의 돌파구였던 자작곡의 흔적도 실었고요.

제 삶의 중심에는 늘 피아노가 있기에 글에도 피아노와 음악에 대한 이야기가 가득합니다. 이렇듯 누구나 마음속에 작은 빛 하나는 품고 살아가죠. 여러분의 마음에는 무엇이 반짝이고 있나요. 빛나는 무언가가 있다면 그

빛의 방향이 아름답기를, 아직 발견하지 못했다면 천천히 자기 마음을 솔직하고 따뜻하게 바라보기를, 잊고 지냈다면 다시 발견하기를 바랍니다.

누군가에게는 '지인', 누군가에게는 '타인', 누군가에게는 '가족', 누군가에게는 '친구', 누군가에게는 '아티스트'인 한 사람이 1인칭 주인공 시점으로 쓴 이 책은 저만의 작품이고 드라마이자 다큐멘터리입니다. 비록 감독과 제작자, 작가와 연출자, 세트장이 완벽하지는 못했지만 제 삶이라는 작품에 들어온 타인들은 기꺼이 좋은 파트너, 스승, 인생 선배가 되어주었습니다.

단편 영화의 상영 시간이 짧다고 해서 시나리오 작가의 집필 기간과 고뇌의 시간도 짧았을까요. 그렇지 않습니다. 배우들도 가볍게 연기하지 않았을 것이고, 편집에도 많은 정성을 기울였을 겁니다. 시간과 규모에 상관없이 작품이라고 칭하는 순간, 모든 장면은 소중해지며 의미 없는 대사란 존재하지 않습니다.

삶이란 그런 것 같아요. 장르가 순식간에 바뀌기도 하고 각본도 없지만 우리에게 주어진 오늘은 누가 뭐래도 소중하고 특별한 작품이며 여러분은 그 작품의 주인공입니다. 예상하고 계획하는 대로 다 이루어지면 좋겠으나 그렇게 된다면 인생이 무슨 재미가 있을까요. 예상치 못한 상황에 울고 웃으며, 뜻밖의 사람을 만나 경험을 하고, 갑작스러운 상황에 여러 감정을 느낄 수 있는 것은 모든 것을 내려놓고 싶은 상황에도 '살아보자'는 용기를 낸 덕분일 겁니다.

  꿈을 바라보며 살아온 제 이야기가 누군가에게는 공감을 불러일으키고, 누군가에게는 작은 위안이 되면 좋겠습니다. 자신을 믿고 응원하는 순간, 제가 그랬듯 여러분의 삶도 작품이 될 것이며 여러분은 그 작품 속 주인공이 될 것입니다.

  지금부터 아티스트이자 작가, 문아람의 여정에 함께해 보시겠습니까?

contents

프롤로그 5

chapter 1 피아노 없이는 못 사는 시골 소녀

나의 살던 고향은 14
피아노와의 운명적인 만남 21
피아니스트가 되고 싶어요 27
피아노를 배우러 떠나는 여행 31
실패해도 괜찮아 36
나의 두 레슨 선생님, 감사합니다 41
이 학생은 피아니스트가 될 거예요 47
기적 같은 선물, 그랜드 피아노 53
선택의 갈림길에서 56
꿈길에 함께해준 사람들 64

chapter 2 **낯선 도시에서 거리의 피아니스트가 되다**

실패하기 위해 시작한 서울살이　　74
세상이 학교다　　83
병원에서 배운 말 공부　　86
아이들에게 배우다　　94
꿈을 먹으며 살아가는 피아니스트　　97
친구가 있어 다행이었어　　100
나를 빚는 토기장이가 되어　　107
인생은 직접 부딪쳐보는 거야!　　110
거리의 피아니스트　　117
헛된 경험은 없다　　123
거리에서 느끼고 배우고　　130
하나둘 맺히는 노력의 결실　　138
행복으로 가는 길　　142

chapter 3 작곡가의 길로 들어서면서

내 이름을 걸고 곡을 쓰다	**146**
동생을 위한 미니 앨범 《아람》	**148**
음악이 사람을 움직인다	**169**
어둠 속에 같이하는 별	**174**
튤립 향기 나는 연주를 하고 싶어요	**177**
음악이 놀이가 되는 곳, 피지에서	**181**
엄마에게 쓴 오선지 답장,〈엄마의 하루〉	**186**
아빠에게 바치는 곡,〈아빠의 하루〉	**199**

chapter 4 음악에 기댄 이야기

홀로 아리랑	**210**
숲속의 오솔길 Promenade Dans Les Bois	**216**
레인보우 브리지 Rainbow Bridge	**222**
마법의 성	**225**
등대지기	**227**
조용한 날들 Les Jours Tranquilles	**230**
감사	**232**

인생의 회전목마 만화 영화 〈하울의 움직이는 성〉 OST   234
플라워 댄스 Flower Dance   237
러브 어페어 Love Affair   239
엘리제를 위하여 Für Elise   242
어 윈터 스토리 A Winter Story 영화 〈러브레터〉 OST   245
라스트 프레젠트 Last Present   248
꽃밭에서   251

chapter 5 아람의 생각들

나는 오늘을 산다   256
'그렇다면' 주문을 외우며   258
고인 감정은 흘려보내세요   261
할머니도 아줌마도 모두 내 친구   264
자유롭고 담백한 우정이 좋다   268
생각 주도권은 나에게   271

에필로그   273

피아노 없이는 못 사는 시골 소녀

나의 살던 고향은

초등학생 시절이었다. 어느 날, 부모님과 할머니가 나를 바라보며 말씀하셨다.

"약하게 태어나서 건강하기만을 기도했던 적도 있는데 어찌 이리 키가 컸을꼬?"

"갓 태어나서 빨갛고 쭈글쭈글한데도 아빠는 네가 마냥 예쁘다며 끌어안고 뽀뽀하더라."

"우리 딸은 두 번째 인생을 살아가는 셈이야. 감사한 마음으로 살자, 딸아."

경상남도 김해시 생림면 도요리 산속 작은 마을에 살던 부모님의 첫째 딸로 태어난 나는 출생 과정에서 어려움을 많이 겪었다. 자궁에 머리가 걸리는 바람에 기계로 겨우 꺼내졌는데 세상 밖으로 나오자마자 거품을 가득 물었다. 그 과정에서 의사 선생님은 아기를 포기하고 산모를 살리자고 말씀하셨지만 아빠는 그 말에 따르지 않고 나를 부산에 있는 큰 아동 병원으로 옮기셨다. (엄마에게 출산 당시의 이야기를 들으니, 움직이지 못하는 엄마 대신 나를 안고 병원으로 옮기던 아빠의 눈에서는 눈물이 멈추지 않으셨다고 한다.)

그곳에서 나는 인큐베이터에 들어가 20일 남짓을 보냈다. 그 병원 의사 선생님은 더 이상 아기에게 해줄 것이 없으며, 살 가능성도 희박하고, 산다고 해도 왼쪽 팔, 다리 사용이 불가능할 거라는 이야기를 했다. 결국 아빠는 나를 퇴원시켜 집으로 돌아오셨다. 당시 부모님의 마음이 얼마나 아프고 절망적이었을지 가늠할 수가 없다. 하지만 아무것도 할 수 없는 상황에서 부모님이 쌓으신 기도가 지금의 나를 있게 했다는 건 안다. 부모님의 간절한 기도와 보살핌 속에 나는 기적적으로 의식을 찾았다. 그 직후에는 의사 선생님의 말대로 한동안 왼쪽 팔과 다리를 사용하지 못했지만 100일이 지난 뒤부터 조금씩 움직일 수 있었다.

할머니와 부모님에게 태어난 이야기를 듣고 생각했다. 나는 새로운 삶을 선물받아 두 번째 인생을 살아가는 거고, 분명 생명을 두 번 얻은 이유가 있을 거라고. 그래서인지 나는 웬만한 어려움이나 슬픈 일에도 별로 힘들어하지 않는 씩씩한 아이로 자라났다. 감정은 상황에 영향을 준다. 하지만 감정을 결정하는 것은 결국 자신이다. 나는 어릴 때부터 감정 속으로 들어가는 것과 감정 밖에서 감정을 바라보는 것을 구분하고 조절할 수 있었던 것 같다.

이후 우리 집은 경주를 거쳐 밀양에 터를 잡았고 거기서 오랫동안 살았다. 유년기의 대부분을 보낸 밀양은 내게 베토벤이 살았던 독일의 본과 마찬가지 의미를 지닌 곳이다. 베토벤은 오스트리아에서 활발히 활동했지만 그의 음악과 감수성의 근원은 본에 있었다. 나 또한 밀양에서의 삶이 내 음악의 자양분이 되었고 그곳에서의 배움과 품었던 생각이 내 마음 밭을 비옥하게 해주었다.

우리는 밀양시 삼랑진읍의 작은 마을에 살았다. 처음 터를 잡은 집에는 방 두 칸과 마루, 작은 부엌이 있었고 현관 밖에 평상이 하나 자리했다. 그곳에서 할머니, 부모님, 남동생 두 명과 함께 생활했다.

우리 집 바로 옆에는 엄청 깊고 넓은 도랑이 있었다. 장마철에 방과 마루 창문을 열면 물로 가득 찬 도랑에 집이 떠 있는 듯했다. 때로는 도랑이 넘쳐 창문으로 물이 들어왔고, 그럴 때면 온 가족이 마른걸레로 빗물을 닦아냈다. 책과 가방, 이불이 젖는 일이 텔레비전에서나 보던 남 일이 아니었다.

밤이 되면 집에는 특별한 손님이 찾아왔다. 오래되고 얇은 지붕 위에서 쥐들이 달리기 시합을 했던 것이다. 만화 영화 〈톰과 제리〉에 나오는 귀여운 생쥐가 아니라 큰 시골 쥐가 쿵쿵쿵 달리기 경주를 하는 소리에 잠을 설치는 게 일상이었다. 쥐와 함께 밤낮없이 찾아오는 손님도 있었으니 바로 발이 많이 달린 지네다. 할머니는 그 벌레를 사투리로 '신바리'라고 부르셨는데, 신바리는 아침에 눈뜨면 인사라도 하듯 항상 천장에 붙어 있을 정도로 자주 출몰했다. 밀양 집에는 벌레가 정말 많았고 그때 평생 볼 벌레는 다 본 것 같다.

화장실은 현관문을 열고 나와서 뒤로 돌아가야 있었다. 재래식이긴 했지만 그때까지 내가 경험한 화장실이 모두 재래식이었기에 불편함은 없었는데 문제는 어두운 밤이었다. 유난히 깜깜하고 정체를 알 수 없는 소리가 산과 들에서 들려오는 시골의 밤은 우리 삼 남매에게 공포의 대상이었다. 우리는 밤에 화장실에 갈 때면 반드시 손전등을 들고 다른 형제와 함께 방을 나섰고, 화장실 안에서도 같이 온 형제의 이름을 불러가며 잘 기다리고 있는지를 확인했다. 가끔 겁을 주려고 일부러 대답하지 않다가 상

대를 울리는 날도 있었지만, 우리 삼 남매의 우애는 화장실 덕분에 한층 돈독해졌다.

어릴 적 부모님과 두 남동생은 내 가장 친한 친구였다. 낚시 도구를 챙겨 온 가족이 동네에 있는 강으로 놀러 가기도 했는데, 아빠가 물고기를 잡으면 엄마는 즉석에서 요리를 해주셨다. 바람이 부는 날이면 낚싯대에 연을 달아 낚싯대 연날리기도 했다. 겨울날에는 비료 포대를 들고 뒷산으로 가 포대 썰매를 타면서 추운 계절을 보냈다.

소녀 같은 엄마는 나를 산과 들로 데리고 다니시며 꽃과 풀의 이름을 알려주시고 꽃으로 목걸이와 시계, 반지를 만들어주시기도 했는데 내 눈에는 그것이 세상에서 가장 예쁜 액세서리였다. 클로버들이 모여 있는 곳을 발견하면 그 자리에 앉아 네잎클로버를 한참 찾기도 했다. 그럴 때면 눈에 불을 켜고 살펴도 어쩌다 하나 찾는 나와 달리, 엄마는 몇 개씩이나 발견하셨고 그것들은 우리 집 백과사전 속에 고이 보관되었다. 자연에서 엄마와 함께하고 엄마에게 자연에 대한 이야기를 들으면서 나도 어느새 자연을 사랑하게 되었다.

아빠는 늘 책과 함께셨다. 방 한쪽 벽은 책으로 가득했고 집 구석구석과 창고에까지 책이 잔뜩 쌓여 있었다. 책과 글로 삶의 작은 부분이라도 깨닫기를 바라셨던 아빠 덕분에 나는 어릴 적부터 텔레비전을 보는 대신 책을 읽으며 놀았다. 베토벤과 모차르트도 음악이 아니라 아빠가 사주신 책으로 먼저 알게 되었다.

가장 가까이 있는 선생님은 부모님이고, 가장 친한 친구는 남동생들이며, 하늘은 늘 파랗고, 봄, 여름, 가을, 겨울 어느 때든 할 수 있는 놀이가 있고, 배고프면 텃밭에 가서 상추와 깻잎 등을 따 먹던 시골 소녀인 내게 어느 날 신문물이 하나 다가왔다. 486 컴퓨터, 텔레비전도 아닌 바로 검은색 피아노였다.

피아노와의 운명적인 만남

내가 피아노를 처음 만난 곳은 동네의 작은 교회다. 한 선생님이 구석에 놓인 검은색 피아노를 치고 있었는데, 악보를 보는 선생님이 마치 암호를 해독하는 것처럼 보였다. '멜로디밖에 없는 악보로 어떻게 저리도 아름다운 선율을 연주하는 걸까?' 물 흐르듯 자연스럽게 움직이는 선생님의 손놀림을 보며 궁금증을 참을 수가 없었다. 하지만 유난히 소심하고 내성적이었던지라 차마 선생님에게 묻지 못하고 혼자 상상의 나래를 펼치며 해답을 추리해나갔다. 그 결과 선생님의 감미로운 연주는 악보 마디마디마다 적힌 피아노 코드 덕분이라는 사실을 알게 되었다. 건반을 하나씩 눌러가며 해답을 찾느라 시간은 오래 걸렸지만 그 과정에서 나는 피아노의 매력에 푹 빠져들었다. 내 나이 여덟 살 때였다.

나는 흔히 그렇듯 《바이엘》, 《체르니》, 《하농》으로 피아노를 배우지 않았다. 코드 반주로 시작해서 자연스럽게 즉흥 연주를 하거나 약간의 작곡을 하면서 피아노와 친구가 되었다. 피아노는 내게 공부해야만 하는 대상이 아닌 즐거움을 주는 신비로운 존재였다. 규칙과 정석을 잘 몰랐기에 내 귀에 듣기 좋은 대로 쳤고, 누군가 내 연주를 좋아해주면 그걸로 충분했다. 그 시절, 피아노는 아빠가 날려주신 연, 엄마가 만들어주신 꽃 시계처럼 내게 행복을 주었다.

내가 피아노에 빠져들자 부모님은 동네 작은 피아노 학원에 보내주셨다. 그곳에서 처음으로 피아노 교재를 보고는 그제야 내가 치던 음표의 이름과 박자를 알게 되었다. 피아노가 있는 작은 방에서 대부분의 연습을 했고, 가끔은 모두가 볼 수 있는 홀 피아노를 치기도 했다. 하루는 홀 피아노로 만화 영화 〈지구용사 선가드〉 주제곡을 손이 가는 대로 친 적이 있었다. 떠오르는 대로 멜로디를 치고 어울리는 코드로 반주를 채웠는데 선가드 연주는 학원 친구들을 시선을 받게 해주었다. 어느새 친구들에게 둘러싸였고, 연주가 끝난 뒤에는 박수와 눈빛을 받았다. 내 생애 첫 번째 공연이었다. 내 피아노 소리에 아이들이 즐거워하며 노래를 따라 부르는 모습에 어찌나 행복하던지! 태어나서 처음 느껴보는 감정이었다. 이 세상에서 가장 좋은 감정들이 한꺼번에 마음속에 가득 차오르는 것 같았다. 평범한 경험이지만 '피아노와 평생을 함께하겠다'는 마음을 먹은 순간이다.

누군가에게 박수를 받는 것, 어떠한 행동에 대해 '잘했다'는 긍정적인 반응을 얻는 경험은 자존감을 형성하고 꿈을 찾아가는 데 큰 영향을 준다고 믿는다. 나 역시 그랬다. 내게는 콩쿠르에서 1등 할 실력이라는 평가보다 '네 피아노 연주가 참 듣기 좋다'는 한마디가 꿈길을 걸어가보라는 격려와 응원이 되었다. 그날부터 나는 "꿈이 무엇이냐"는 질문에 주저 없이 "피아니스트"라고 대답했다.

초등학교를 들어가면서 꿈에 대해 생각해볼 기회가 많아졌다. 학교에서 꿈을 주제로 한 글짓기, 꿈을 그림으로 그리기, 꿈에 대해 말하는 웅변 대회 등을 한 덕분이었다. 그중 기억에 남는 것은 장래희망을 적은 도화지 한 장이다. 언젠가 반 아이 모두가 장래 희망을 적어 게시판에 게시했고, 얼마 지나서 그걸 집으로 가지고 왔다. 그런데 그 도화지를 발견하신 부모님이 조심스럽게 나를 부르셨다.

"아람아, 우리 형편에 피아노를 전공하기가 힘들 것 같

은데…. 어떡해야 좋을지 고민이구나."

부모님 말씀에 많은 걱정이 담겨 있는 것을 알았으나 죽어도 피아노를 포기할 수 없었던 나는 이렇게 말했다.

"피아노가 없는 내 인생은 상상할 수가 없어요."

가정 형편을 염려해야 했던 부모님을 떠올리면 지금도 죄송한 마음이 들지만, 그 시절의 나는 그저 평생을 피아노와 함께하고 싶었고, 피아니스트가 되고 싶은 철부지였다. 그게 다였다. 그 길을 어떻게 걸어가야 하는지 전혀 몰랐기에 두려움도 없었다.

부모님과 장래 이야기를 나누면서 내가 피아노를 얼마나 좋아하는지 확실히 알게 되었고, 가정 형편을 탓하는 대신 주어진 환경 안에서 꿈을 이룰 방법을 고민하기 시작했다. 그리고 피아노를 배우는 시간을 황금같이 여기고 하루 중 많은 시간을 피아노 연습하는 데 썼다. 부모님과의 대화는 내 마음 밭에 피아니스트라는 씨앗이 심겨지는 중요한 계기가 되었다. 비록 앞으로 어떻게 씨앗을 싹 틔우고 꽃을 피워낼지는 알지 못했지만.

비옥한 땅, 알맞은 온도와 습도, 끊임없이 가꾸는 정성…. 이 모든 조건이 갖추어져야 싹이 자라는 것은 아니다. 때로는 길가에서도 자연이 주는 양식을 먹으며 아름다운 꽃이 피어나고, 척박한 바위틈에서조차 꽃은 핀다. 주어진 환경과 상황을 남과 비교할 시간에 차라리 어떤 꽃을 피울지를 상상하며 뿌리를 굳게 내릴 방법을 찾는 것이 더 유익하지 않을까. 나는 존재가 가지는 생명력과 가치를 환경과 조건이 결정할 수 없다고 생각한다. 상상하지 못했던 곳에서 피어난 꽃은 더욱 아름답고 신기한 법이다.

피아니스트가 되고 싶어요

중학교에 입학하면서 꿈에 대한 소망과 열정이 더욱 커진 나는 수업이 끝나자마자 친구들을 뒤로하고 유일한 나의 연습실인 교회로 곧장 향했다. 비록 조율이 잘된 피아노는 아니었지만 피아노를 마음껏 칠 수 있다는 사실만으로 행복했고 기쁠 따름이었다.

지금 생각해보면 연습실이 귀하던 시골에서 교회는 최고의 연습실이었다. 교회 주변이 전부 논밭이어서 피아노 소리가 커도 걱정이 없었기 때문이다. 서울에 사는 지금은 피아노 소리가 소음으로 들릴까 싶어 조심하곤 한다. 역시 상대적인 경험은 감사를 낳고, 지난 시간에 대한 가치를 높여준다. 이래서 어떤 경험이든 소중하다.

당시 하교 후에 버스에 오른 중학생의 마음은 이미 피아노 앞에 앉아 있었다. 꿈에 미쳐 있었으므로 한창 사춘기 소녀들이 좋아하는 예쁜 소장품, 액세서리 등에는 전혀 관심이 없었다. 그저 '어떻게 하면 서울에 있는 대학에 입학할 수 있을지, 음대에 가려면 얼마나 피아노를 잘 쳐야 하는지, 공부는 얼마나 잘해야 하는지'에 대해 고민하고 또 고민했다.

하지만 동네 피아노 학원에 다니고 교회에서 예배 반주하는 게 다였던 나는 모르는 것투성이였다. 피아노 전공에 대해 아는 것도, 보고 들은 것도 없었을 뿐 아니라 예술 중고등학교가 있는지조차 몰랐다. 모차르트, 쇼팽, 베토벤의 음악도 쳐본 적 없었다. 그저 피아노가 좋아 오래되고 음이 잘 맞지 않는 교회 피아노로《하농》과《체르니》를 파고들었고, 곡에 대한 해석도 할 줄 모르면서 마치 게임을 하듯 오른손과 왼손을 빠르게 놀리며 피아노 명곡집을 치는 순간들이 짜릿했다.

나는 '만약 피아노를 학문으로 먼저 접했다면 어땠을까'라는 생각을 종종 한다. 그랬다면 지금까지 내가 피아노를 사랑하면서 연주하고 있을까? 나는 누군가에 의해 피아노를 시작한 것이 아니고 뛰어나고 싶다는 욕심이나 경쟁을 하기 위해 연습하지도 않았다. 누군가를 만족시켜야 할 필요도 없었고 그저 내 느낌대로 표현되면 즐거울 뿐이었다. 피아노는 어린 시절 아빠와 하던 연날리기, 낚시, 비료 포대 썰매 타기, 엄마와 함께하던 네 잎 클로버 찾기처럼 내 삶에 큰 행복을 주는 요소였다. 음대에 가려던 이유도 피아노를 더 깊이 공부하기 위해서이기도 했지만 그보다는 피아노와 평생을 함께하고 싶은 마음이 컸기 때문이다. 비록 주어진 여건이 여의치는 않았지만 나는 모든 상황에 감사하며 피아노를 향해 한 걸음 한 걸음 나아갔다.

다른 사람들이 '어려울 것이다, 할 수 없을 것이다'라고 말하는 상황에서도 내가 할 수 있는 일을 발견하면 희망이 보이는 법이다. 그리고 희망을 잃지 않고 최선을 다하다 보면 길이 열리고 내 꿈에 참여하는 사람들이 생긴다. 여기서 중요한 것은 꿈을 꾸기만 해서는 안 된다는 점이다. 꿈을 위해 노력하고 최선을 다해야 한다. 나는 실력보다도 노력하고 최선을 다하는 자세, 꿈을 향한 간절함, 피아노를 좋아하는 마음만큼은 1등이고 싶었다.

적당히 혹은 어느 정도 하고 최선을 다했다고 말할 수 없다고 생각한 나는 중학생이 되면서부터 참으로 단순하게 살았다. 학교, 피아노 연습, 공부, 다시 학교, 피아노 연습, 공부. 구체적인 방법을 잘 몰라서 그저 틈 나는 대로 피아노 건반을 누르던 내게 어느 날 예상치 못한 만남이 찾아왔다. 모두 평소에 동네 어르신들을 잘 섬기는 부모님 덕분이었다.

  자신의 노모를 틈틈이 돌봐주어서 고맙다는 인사를 하러 찾아온 한 아주머니는 부모님과 이런저런 이야기를 주고받다가 내가 피아노를 전공하고 싶어 한다는 말을 듣고는 대구의 실력 있는 피아노 강사를 소개해주겠다고 하셨다. 나도 제대로 피아노를 배울 수 있게 되다니! 뜻밖에 열린 배움의 길에 무척 설레면서도 한편으로는 대구까지 가는 차비와 수업료가 걱정이었다. 하지만 해보지도 않고 포기하는 것은 어리석은 일 아닌가. 나는 열심히 하다 보면 내가 알지 못하는 방법이 생길 거라는 대책 없이 긍정적인 생각으로 일단 부딪쳐보기로 했다.

  어릴 때부터 우리 집은 동네 어르신들의 사랑방이었다. 학교를 갔다 오면 거실에 동네 할머니가 와 계실 때가 많았고 때로는 부모님이 할머니들을 모시고 관광도 가셨다. 이뿐 아니라 평소에도 엄마는 어르신들의 농사일을 돕느라 대부분의 시간을 비닐하우스에서 보내셨으며, 아빠는 혼자 지내시는 어르신들의 손과 발이 되어 전구나 전기를 고쳐드리곤 했다. 그 은덕을 내가 받는 거라면 최선을 다해 좋은 결과로 보답하고 싶었다.

피아노를 배우러 떠나는 여행

시골에서 살며 대중교통이라고는 버스를 타본 게 전부였고 혼자 어딘가를 가본 적도 없던 소심한 중학생 소녀에게 일주일에 한 번씩 대구로 레슨을 가는 것은 생각보다 큰 도전이자 모험이었다. 게다가 제대로 된 개인 레슨은 처음 아니던가. 여러 가지로 두려운 마음을 안고 간 첫 수업 시간. 감사하게도 선생님은 편안하게 나를 맞아주셨다. 내 형편과 상황을 고려해주시는 선생님의 따뜻한 마음과 응원 속에서 열다섯 살, 중학교 2학년 예비 피아니스트의 레슨 여행이 시작되었다.

처음에는 밀양에서 동대구역까지 무궁화호를 타고 45분, 동대구역에서 버스를 두 번 갈아타고 한 시간 남짓 가야만 하는 길이 어렵고 두렵기만 했다. 하지만 차차 그 길고 쉽지 않은 길은 온전히 나와 피아노만을 생각하게 해주는 최고의 여정이 되었다. 밀양에서 대구로 향할 때는 일주일 동안 연습했던 부분들을 정리하면서 레슨을

준비하거나 암보(暗譜, 악보를 외워 기억함)했고, 집으로 돌아오는 기차 안에서는 선생님의 말씀을 한마디도 빠짐없이 악보에 기록했다.

　레슨을 받는 시간도 참 좋았지만 수업이 끝난 뒤 선생님의 이야기를 떠올리면서 악보에 하나하나 기록하는 그 시간이 너무나 행복하고 즐거웠다. 소중한 가르침과 음악 이야기가 안전하게 보관되어 보물이 되는 기분이랄까. 나는 천재도 영재도 아니어서 선생님이 말씀하시는 대로 바로 연주해내지 못했고 머리로도 이해하기 힘들 때가 많아, 그날 배운 것들을 일주일 동안 내 몸과 손가락에 익히려면 메모가 꼭 필요했다.

　두꺼운 안경에 교복을 입은 학생이 기차 안에서 열심히 무언가를 적고 있으면 옆에 앉은 승객들이 말을 걸기도 했다. "학생, 뭘 그렇게 열심히 적어요?" "어디를 다녀오는 길이에요?" "어느 학교 다녀요?" "꿈이 뭐예요?" 그렇게 내게 묻던 어른들과 나누던 대화 속에 내 꿈을 실어보기도 했다. 내게 관심을 갖고 다가오는 사람들과 이야기를 하고 내 꿈을 밝히는 사이 맘속의 생각들이 점점 선명해지고, 꿈은 내 안에 튼튼한 뿌리를 내렸다. 이제 기차는 이동 수단만일 뿐 아니라 최고의 음악 공부방, 인생 공부방이 되어주었다. 누구나 낯선 것을 두려워하기 마련이다. 하지만 경험해보지 않아서 생기는 두려움은 직접 부딪치면서 충분히 극복할 수 있음을 그때 깨달았다.

값진 경험과 귀한 가르침을 얻고 돌아오는 여정은 내 삶을 풍성하게 가꿔주었지만 체력적으로나 물질적으로 쉽지 않을 때도 많았다. 유난히 피곤한 날이면 무거운 악보를 들고 동대구역에서 버스를 두 번 갈아타고서도 먼 거리를 걸어가야 하는 길이 길고 외롭게만 느껴졌다. 하지만 그럴 때마다 두 남동생을 떠올렸다. 부모님의 지원 속에 원하는 공부를 하는 내 모습이 어쩌면 동생들에겐 첫째로 태어난 누나의 특권처럼 보일 수도 있었다. 그런 생각을 할 때면 미안해지기도 했지만 그럴수록 최선을 다했다. 그것만이 가족 모두의 배려에 보답하는 길이라고 여겼다.

무더운 여름이나 추운 겨울이 되면 친척들이나 부모님이 동대구역에서 택시를 타라고 만 원짜리 한 장을 손에 쥐여주시기도 했는데 나는 절대 택시를 타지 않았다. 대신 레슨을 마치고 돌아가는 길에 동대구역에서 도넛 한 상자를 사서 집으로 갔다. 그 당시 밀양에는 없는 가게여서 집에 도착했을 때 꽤 환영을 받았었는데 옹기종기 모여 도넛을 먹던 가족의 모습은 예쁜 그림처럼 맘속에 저장되어 있다.

그렇게 대구로 피아노를 배우러 다닌 수년 동안 아빠는 한 번도 빠짐없이 밀양역에서 나를 기다려주셨다. 아빠의 묵묵하지만 뜨겁고 깊은 사랑과 희생은 나 문아람의 10대에 따뜻한 온기가 되어주었다.

실패해도 괜찮아

피아노를 전공하기 원하는 중학생들은 예고와 인문계 고등학교 진학을 두고 많은 고민을 한다. 나 또한 여느 학생들처럼 아주 잠깐 예고를 소망하기도 했다. 그러나 예고를 진학하려면 타 지역으로 이사 가거나, 기숙사에서 살아야 하는데 그럴 여유도 없었고, 학비도 만만치 않았다. 무엇보다 부모님 곁에서 부모님께서 부어주시는 사랑을 받고 집밥을 먹으면서 고등학생 시절을 보내고 싶은 마음이 더 컸기에 밀양에 있는 인문계 고등학교를 진학했다. 대신 몸은 인문계 학생이지만 마음과 정신은 예고 학생들처럼 살기로 다짐했다. 그때부터 나는 피아노 연습을 삶의 1순위로 삼았다. 학교에서는 최선을 다해 공부하고, 수업이 끝나면 곧장 귀가해 피아노 연습을 하며 서울에 있는 음대를 가기 위한 준비를 했다. 가고 싶은 대학교의 사진을 파일에 꽂아 늘 들고 다닐 정도로 꿈에만 모든 에너지를 집중했다. 본격적인 입시 레슨까지 받으며 파스텔 빛 꿈의 색깔은 점점 선명해져갔다.

성장한 건 피아노 실력만이 아니었던 것 같다. 어느 날부턴가 문득 대구를 오가는 차비라도 벌어 부모님에게 도움이 되고 싶다는 생각이 들었다. 내 재능을 살리면서 할 수 있는 일이 없을까를 고민하던 끝에 떠올린 것은 예식장 아르바이트였다. 결혼식 반주를 할 수 있으면 가장 좋겠지만 그게 안 된다면 설거지라도 시켜주기를 바랐다.

그 길로 밀양에 있는 예식장 문을 두드리기 시작했다. 하지만 결과는 그리 좋지 않았다. 세 곳 중 두 곳에서 안 된다는 말을 들었다. 용기를 내 "저 피아노 진짜 잘 치는데 한 번만 들어보세요"라고 여러 번 부탁했지만 소용없었다. 마지막 남은 예식장은 밀양에서 가장 규모가 큰 곳이었다. 이미 자신감이 많이 떨어진 상태였지만 그래도 여기서 포기하고 싶진 않았다. 나는 좀 더 겸손하고 자신감 있는 자세로 부탁한다면 행운이 생길지도 모른다는 주문을 걸며 이렇게 말했다.

"피아노 반주 아르바이트를 하고 싶어서 왔는데 사장님 좀 뵐 수 있을까요?"

나는 '또 안 된다고 해도 절대 상처받지 말자. 나는 강하다. 내 잘못이 아니라 내가 이곳과 맞지 않는 것뿐이다'라는 자세로 예식장에서 만난 한 직원에게 당당하고도 예의 바르게 말을 걸었다. 진심이 전해진 것일까? 꽤 높은 직책을 맡고 있는 사람으로 보였던 그 직원은 뜻밖에도 나를 사장님에게 안내해주었다. 나는 이 기회를 놓치지 않겠다는 각오로 아르바이트를 하고 싶은 이유와 내 꿈에 대해 웅변하듯 말씀을 드렸다.

최선을 다해 내 뜻을 전한 나는 어떠한 결과에도 미련을 갖지 않기로 했다. 결과와는 상관없이 누군가 내 이야기에 귀 기울여 주었다는 것만으로도 즐거웠고, 내 꿈에 대해 궁금해한다는 것이 감사했다. 다행히도 내 이야기를 한참 동안 듣던 두 분은 미소를 지으며 나를 결혼식 반주자로 채용했다.

그 뒤 나는 예식이 있는 토요일마다 반주하고 값진 사례비를 받았다. 예식 반주 경험은 없었지만 교회에서 오랫동안 예배 반주를 해온 덕에 적응도 빨랐다. 내게 예식장은 그야말로 황금 같은 직장이었다. 나는 나를 뽑아주신 사장님에게 아름다운 반주로 보답하겠다고 마음먹고, 맡은 예식 하나하나마다 정성을 다했다.

만약 세 곳의 예식장 중 내가 일했던 곳을 첫 번째로 찾아갔다면 똑같은 결과를 얻을 수 있었을까? 그랬다고 해도 감사함과 소중함의 크기가 같았을까? 실패와 거절은 삶에 긍정적인 영향을 주기도 한다. 나 또한 두 번의 거절과 실패가 있었기에 마지막 기회를 앞두고 조금 더 면밀하게 준비할 수 있었다. 거절당한 경험이 없었더라면 사장님이 일하고 싶은 이유를 물었을 때 그 질문이 얼마나 귀하고 값진 것인지 알지 못했을 것이다. 오히려 첫 번째로 바로 합격이 되었다면 일자리가 주어진 것을 당연히 여기고, 그 일이 작은 교만의 씨앗이 되었을지도 모른다.

실패의 경험을 잊지 않고 매 순간 최선을 다해 일하며 대구까지 오가는 차비 정도는 벌 수 있게 되자 알 수 없는 자신감이 생겼다. 누구의 도움도 받지 않고 스스로 재능과 관련된 아르바이트를 구한 덕이었다. 이뿐 아니라 큰 실수 없이 일한다는 사실에 무척 뿌듯했으며, 그 일을 계기로 무슨 일이든 담대하게 받아들이게 되었다.

돌이켜보면 그때의 경험이 내 안에 실패와 거절을 기쁘게 받아들이는 세포를 만들어준 것 같다. 서울에서 혼자 지낼 때도 그 시절의 경험이 많은 도움을 주었다. 삶의 굴곡과 태풍 속에서도 더 단단해지기 위해 훈련을 받는 중이라고 생각하게 되었고 '내가 얼마나 대단한 일을 하는 사람이 되려고 이렇게까지 훈련을 받지?', '하늘이 나에게 정말 큰일을 맡기려나 보다'라며 힘든 상황을 받아들이는 여유가 생겼다. 이 두 생각으로 20대를 버텼다고 해도 과언이 아니다. 실패와 경험을 통해 심긴 굳은 심지는 나를 강하고 단단하게 만들어주었다. 그리고 지금도 그 마음가짐은 부정적인 감정이 찾아올 때 그 감정에 마냥 빠져 있지 않게 해주는 긍정의 숨이자 호흡이 되어주고 있다.

나의 두 레슨 선생님, 감사합니다

대구의 피아노 선생님은 나를 스쳐 지나가는 학생으로 여기지 않으셨다. 피아노 말고도 내게 어떤 점이 부족한지를 아시고 그 부분을 채워주려 애쓰셨고 나를 제자가 아닌 같은 음악인으로 바라봐주셨다. 그래서 선생님의 교육은 일방적이지가 않았다. 연습할 곡을 정하기 전에도 어떤 곡이 좋은지, 어떤 연주를 하고 싶은지를 꼭 물으셨다. 제자의 생각을 궁금해하는 선생님의 교육 덕에 나는 진짜 내가 하고 싶은 음악을 발견할 수 있었다. 때로는 나를 음악회에 데리고 가주시기도 했다. 연습 중인 곡들을 공연장에서 직접 듣고, 연주자를 눈으로 보는 것은 피아노 앞에서 건반을 누르는 것만큼 큰 공부였으며 도전이 되었다.

그중 한 음악회에서는 선생님의 은사님도 만났는데 선생님이 나를 수제자라고 소개한 것이 아직도 생생하게 기억난다. 선생님의 기대와 가르침에 비해 실력이 부족해 늘 죄송한 마음이 컸던 나는 '수제자'라는 단어에서 용기를 얻었고 사랑을 느꼈으며 더 열심히 해야겠다는 열정이 샘솟았다. 레슨이 끝나고 나면 기차 안에서 먹으라고 싸주셨던 간식들까지, 선생님은 피아노에 대한 기술만이 아닌 마음을 나누어주신 분이다. 내가 연주하고 만드는 음악의 온도가 따뜻하기를, 내 음악이 누군가를 응원하고 위로할 수 있기를 바라던 소망은 선생님을 통해 더욱 또렷해져갔다.

하지만 고등학교 1학년 말쯤 우린 어쩔 수 없이 이별을 해야만 했다. 쌍둥이를 임신한 선생님이 출산일을 앞두고 점점 힘들어하셨기 때문이다. 살아가다 보면 감정과 현실, 정신과 육체가 일치하지 못하는 경험을 할 때가 있다. 나는 고등학교 문턱을 막 넘어선 1학년 시절, 첫 피아노 레슨 선생님과 이별하며 그런 경험을 했다. 헤어짐으로 인한 슬픔 속에서도 그동안의 가르침과 섬김에 대해 감사했고, 그러면서도 음대 입시에 대한 현실적인 대안을 생각해야만 했던 것이다. 이런 내 맘을 아신 걸까. 음악뿐 아니라 삶의 태도까지 가르쳐주시며 마지막까지 내게 최선을 다한 선생님은 실력이 뛰어난 유명한 레슨 선생님을 수소문해서 소개해주시기까지 했다.

새로운 강사를 만나러 가자던 선생님은 만삭의 배로 직접 운전해서 낯선 건물로 나를 데리고 가셨다. 그러곤 그곳에 자리한 입시 음악학원의 한 선생님을 소개시켜주셨다. 첫 번째 선생님은 나를 옆에 앉혀두고 엄마처럼 내 상황을 설명하고 잘 부탁드린다는 인사도 잊지 않으셨다. 그리고 이어진 두 스승님 앞에서의 피아노 연주. 그것은 새로운 선생님에게 내 실력을 선보이는 테스트였지만 내게는 그 어떤 무대보다 귀하고 소중했으며 복합적인 감정을 쏟아낸 자리였다. 우선 첫 선생님을 부끄럽게 만들고 싶지 않았고 10대로서 들려드리는 마지막 연주를 잘해내고 싶었다. 게다가 새로운 선생님 앞에서의 첫 연주가 아닌가. 그분에게 내가 가진 음악성과 기술을 최대한 보여드리고 싶었다. 첫 선생님과의 마지막이자 두 번째 선생님과의 시작을 의미했던 〈Chopin Etude Op.10 No.4〉. 이 곡은 그날 그 순간의 OST처럼 선명하게 맘속에 남아 있다.

  그렇게 첫 번째 선생님과 아쉬운 작별을 하고 두 번째 선생님에게 피아노를 배우면서 음악도 마음도 점점 단단해져갔다. 비로소 나는 음악을 공부하는 학도로 성장하기 시작했으며, 선생님의 카리스마와 훌륭한 연주에 감탄하면서 음악을 좋아하고 즐기는 데서 나아가 잘하고 싶은 마음을 키워갔다.

선생님의 노하우와 뛰어난 가르침을 하나라도 놓치고 싶지 않았던 나는 악보에 음표가 보이지 않을 정도로 메모를 했다. 어릴 때부터 글 쓰는 것을 좋아해서 꾸준히 일기를 쓰던 습관이 큰 도움이 되었는데, 그 시절 나는 레슨 받는 악보와 생각을 정리하는 악보 두 권을 가지고 다니면서 떠오르는 아이디어를 미친 듯이 적어나갔다. 내용도 꽤 구체적이었다. "힘을 풀고 연주를 시작한다"가 아닌 "생각해보자. 여기서 팔에 힘이 들어가면 음표 열 개를 부드럽게 이어서 연주할 수 없고, 팔에 힘을 빼지 않으면 시원하고 울림 있는 소리를 낼 수 없다"라고 적는 식이었는데, 글 안에 당시의 감정과 공간의 공기, 온도, 상황까지 담으려고 노력했다. 선생님이 말씀해주시는 문장을 전부 기억하고 다음에 비슷한 부분이 나왔을 때 더욱 잘 해결하고 싶은 욕심이 컸기 때문이다.

만약 레슨을 자주 받을 수 있는 형편이었다면 이야기가 달랐을지도 모른다. 하지만 나는 일주일에 한 번밖에 수업을 받을 수 없었다. 그래서 메모가 더욱더 필요했다. 밀양으로 돌아가 혼자 연습을 하다가 뜻대로 되지 않을 때 메모를 보면 분명 혼자 있지만 선생님에게 가르침을 받는 듯했다. 그 시절 악보를 꺼내 보면 '나는 잘되지 않는 부분이 선생님에겐 왜 그리 쉬운 걸까? 선생님이 치실 때의 손 모양을 잘 기억해보자'라는 메모와 함께 선생님의 손 모양이 그려져 있기도 하다. 선생님의 손 모양을 그리고 나면 대구역으로 가는 버스 안, 길을 걷는 동안 그림이 눈앞에 계속 아른거렸다. 그리고 기차에서 이를 흉내 내다 보면 순식간에 밀양에 도착하곤 했다.

나는 100퍼센트 노력형 인간이다. 그래서 적고 또 적었다. 내 기억력과 능력을 신뢰하지 못했기 때문이다. 가끔 내 부족함이 자신감을 떨어뜨릴 때도 있지만 중요하지 않았다. 떨어진 것은 끌어올리면 되고 꾸준하게 실력을 쌓아나가면 되었다. 이때 메모는 없어서는 안 될 존재였다. 나의 부족함을 채우기 위해 시작한 메모는 지금까지도 나만의 오랜 습관으로 자리 잡았다. 요즘도 가끔 나는 그 시절 악보를 꺼내 날짜별로 적힌 메모를 보면서 발전된 속도를 확인하기도 하고 어떤 방법으로 연습했었는지를 참고하곤 한다.

만약 두 번째 선생님을 만나지 못했다면 지금의 문아람이 존재할 수 있었을까? 그 선생님을 소개시켜준 첫 번째 선생님의 배려는 평생 잊지 못할 것이다. 그런데 돌아보면 첫 번째 선생님에게 감사하다는 표현을 많이 하지 못한 것 같아 죄송하고 후회스러울 될 때가 많다. 당시 나는 꿈을 이루는 데 온 신경을 집중하느라 다른 부분을 돌아보지 못한 미성숙한 10대 연습생에 불과했다.

그러나 이제는 잘 안다. 내 감정을 솔직하게 표현하면 스스로가 더욱 성숙해지고 마음을 내 것으로 만들 수 있다는 것을. 시간이 흐르며 나는 마음을 전달하면서 상황을 객관적·주관적으로 바라보고 내 감정과 직면하는 것만으로도 내가 존재하고 있음을 자각하게 되었다.

나는 요즘도 하루에 하나씩 무엇이든 표현해본다. 글이나 말로 표현하고 오선지에 음표로 기록하기도 한다. 나에게, 상대방에게, 상황에게 하는 어떤 표현이든 그것이 삶을 풍요롭게 해준다는 사실을 잘 알기에.

이 학생은 피아니스트가 될 거예요

엄마는 재능이 참 많으셨다. 피아노를 정식으로 배우신 적도 없는데 독학으로 찬송가 반주를 하셨고 통기타도 잘 치셨다. 요리 솜씨도 좋아서 지금도 우리는 외식하는 것보다 집밥을 더 좋아한다. 독립하고 나서 매일 엄마의 음식을 먹지 못해 아쉬울 때가 많은데, 한 달에 한두 번씩 직업 군인인 남동생 숙소와 내 서울 자취방으로 정성껏 만든 갖가지 반찬, 국, 찌개들을 보내주셔서 얼마나 감사한지 모른다.

 엄마는 글도 잘 쓰셨다. 마음을 따스히 감싸는 글을 쓰던 엄마와 주고받은 손편지는 지금까지도 내 소중한 보물이다. 글씨체마저 예뻐서 어렸을 때는 엄마 글씨체를 흉내 낸 적도 많다. 이뿐이 아니다. 리더십과 사람을 따뜻하게 대하는 모습, 담대함까지, 엄마는 여러 가지를 두루 잘하는 만능 엔터테이너이자 나의 롤 모델이었다. 그중에서도 가장 눈부시게 빛났던 엄마의 재능은 성악이다. 목소리가 좋고 음악성도 뛰어나셨던 엄마는 교회 성가대에서 소프라노 파트를 담당하셨고 아마추어 합창단 활동도 잠깐 하셨다.

어린 나이에도 나는 엄마의 재능이 너무 아깝다는 생각을 자주 했다. 언젠가 엄마가 세상에 알려지는 날이 오기를 간절히 바랐고, 그 통로가 내가 되고 싶었다. 사랑과 희생, 때로는 사명감이라는 이름으로 걸어온 엄마의 시간을 전부 보상해줄 수는 없을지라도 엄마가 아닌 다른 무엇으로 불리게 해드리고 싶었다. 이런 생각이 꿈을 향한 나의 발걸음을 더욱 단단하게 해주기도 했다.

더디지만 꿈을 향해 조금씩 나아가던 어느 날이었다. 동네 교회에서 엄마가 활동하는 합창단이 음악회를 연다는 소식을 접했다. 음악회를 볼 기회가 적은 시골 마을로 이사 간 뒤 처음 있는 일이었다. 그런데 음악회가 다가오던 어느 날 내게 과제가 하나 주어졌다. 부모님이 음악회 특별 순서로 피아노 독주를 권유하신 것이다. 그때까지 부모님에게도 전곡을 들려드린 적 없던 내가 부모님은 물론 많은 사람들 앞에서 독주를 해야 한다니. 걱정이 되면서, 무척 떨렸고 나를 바라보는 시선이 부담스럽고 두려워 머릿속이 복잡했다.

생각이 많은 것이 무조건 삶을 고단하게 하고 몸과 마음을 지치게 하지는 않는다. 오히려 긍정적인 면도 많다. 실제로 나는 생각이 많은 덕분에 풍부한 상상력을 발휘할 수 있었고 그것이 행동으로 이어져 긍정적인 결과를 꽤 얻었다. 고민의 시간이 긴 만큼 결과에 대한 대안을 잘 마련하고, 책임감을 갖기 때문이다. 그때도 그랬다. 고민 끝에 연주하기로 결정하면서 연습에는 속도가 붙었고 연습 시간도 점점 늘어났다. 부모님에게 믿음을 드리고, 동네 분들과 합창단원들에게 내가 가진 꿈을 말이 아니라 연주로 보여주고 싶었다.

몇 날 며칠을 무대 위에서 연주할 곡을 연습한 끝에 드디어 고대하던 음악회가 열리는 날. 생각보다 많은 인파가 작은 교회에 몰렸다. 동네 주민뿐 아니라 타지에서도 많은 사람들이 찾아와 자리가 없을 정도였다. 축제 분위기 속에서 합창단 연주가 시작되고 한 곡씩 순서가 진행되면서 내 심장 소리는 커져만 갔다. 그날 무대에 선 엄마의 모습이 어땠는지 기억도 나지 않는다. 꼭 보고 싶었고 그려왔던 엄마의 멋진 모습이었지만 온 신경이 내 순서에만 집중되어 아무 생각이 나지 않았다.

드디어 내 차례가 찾아왔다. 합창단 지휘자님의 소개

로 피아노 앞에 앉은 나는 당시 열심히 배우던 〈Chopin Etude Op.10 No.4〉를 치기 시작했다. 연습하거나 콩쿠르에 나갈 때 늘 입던 교복을 입은 게 어느 정도 맘을 편하게 해주었으나 요동치는 심장을 완전히 잠재울 수는 없었다. 너무 떨려 어떻게 쳤는지 기억조차 나지 않으니 말이다. 마지막 마디를 치고 나서야 안도의 숨을 내쉰 것만이 선명하게 기억난다. 그날 밤 나는 '잘했다, 수고했다, 힘내라'는 의미가 담긴 박수를 받았다.

기적은 연주가 끝난 뒤 일어났다. 지휘자님이 내 연주를 호평하며 용기를 주는 말씀을 한 것이다.

"이 학생은 피아니스트가 될 거예요. 피아노를 정말 잘 칩니다. 한 가지, 교회 피아노로 연습한다는 게 많이 안타깝네요. 이 학생이 좋은 피아노로 연습할 수 있도록, 꿈을 꼭 이룰 수 있도록 함께 기도해주세요."

공식적인 무대에서 이름이 불린 것만으로도 기쁘고 감사한데 지휘자님은 형식적이 아닌 진심으로 나를 응원하셨다. 그분의 말에는 울림이 있었다. 아직도 〈Chopin Etude Op.10 No.4〉를 연주하면 그 지휘자님이 떠오른다.

그 일로 말 한마디에도 울림이 있고 그 말은 누군가의 마음을 움직이고 감정을 다스리게 해준다는 것을 경험했다. 음악을 연주할 때 스타카토(끊어서 치기), 레가토(부드럽게 이어치기) 등과 같은 수많은 기법이 있듯 말에도 말투와 어조, 속도, 목소리, 표정 등 여러 표현 방법이 있다. 의도는 그렇지 않은데 목소리가 커지고 말하는 속도가 빨라진다면 흥분하거나 화난 상태로 보이게 되고, 시선을 집중하지 않은 채 귀로만 듣는다면 상대는 존중받지 못한다고 느낄 것이다.

피아노를 연주할 때 내가 특히 중요하게 생각하는 것도 소리의 울림이다. 울림이 있는 소리는 듣는 이의 귀에서 멈추는 것이 아니라 마음에까지 전달된다. 무조건 세게 친다고 웅장한 소리가 나는 것이 아니다. 그럴 때는 오히려 몸에 힘을 빼고 소리에 울림을 담아야 한다. 노래할 때 공명을 이용하는 것과 비슷한 맥락이라고 할 수 있겠다. 악기는 연주자의 태도와 힘을 그대로 전달받아서 소리를 낸다. 그렇기에 나는 오늘도 거짓 없고 솔직하며 울림이 있는 피아노 연주를 위해 끊임없이 노력하고 연습한다.

기적 같은 선물, 그랜드 피아노

합창단 연주가 끝나고 흥분이 쉽게 가라앉지 않았다. 첫 무대를 성공적으로 마치고 호평을 얻은 그날, 나는 하늘을 날 듯 기쁘고 마음이 벅차올랐다. 하지만 나는 아직 가야 할 길이 멀고, 올라야 할 무대가 많은 10대 청소년일 뿐이었다. 마냥 기쁨에 취해 있기에는 너무 어렸고 꿈을 향해 나아가며 수없이 많은 실수와 실패를 할 것이 분명했다. 다시 마음을 가다듬은 나는 연주를 무사히 마무리했음에 감사하고, 지휘자님의 말씀을 마음에 진하게 새긴 뒤, 곧장 기쁜 감정에서 빠져나왔다.

그리고 며칠 뒤 많은 사람들의 기도와 응원으로 중고 그랜드 피아노를 선물을 받는 놀라운 일이 일어났다! 고등학교 1학년, 생애 처음으로 나만의 피아노가 생긴 것이다. 피아노와 함께 그보다 더 좋은 선물도 받았다. 그것은 응원의 선물이다.

피아노가 생긴 기쁨도 컸지만, 열심히 하라는 '용기'를 선물받은 기쁨이 더 컸다. 행동에 대해 생각이 많아지고 걱정이 될 때면 '일단 해보자. 그러면 무엇이라도 배울 수 있을 거야', '아무것도 하지 않으면 아무 일도 일어나지 않아'라는 말에 증거가 되는 사건이 내 인생에서 일어났다 사실이 너무나 감사했다.

또한 피아노를 선물 받았다는 엄청난 기적 앞에서 교만해지지 않도록 늘 경각심을 가지라고 조언하신 아빠의 말씀을 떠올리며 나는 그 상황에 취해 있지 않으려고 노력했다. 그러자 피아노가 생긴 건 하늘에서 뚝 떨어진 운이 아니라 노력하고 용기를 가진 자에게 주어진 큰 선물이라는 생각이 들었다. 나는 용기를 내 많은 사람 앞에서 연주했고, 그 자리에 서기 전까지 수없이 연습을 했다. 양손을 제대로 맞춰서 〈Chopin Etude Op.10 No.4〉을 치는 데도 4~5개월이 걸렸고 부분 연습을 하면서 부족한 점을 해결하기까지는 더 오랜 시간이 걸렸다.

어쩌면 복이나, 운이라는 것은 내가 계획하지 않았을 뿐, 행동의 연장선상에서 일어나는 일일지도 모른다. 그러므로 운이 없다고 상황을 탓하며 좌절하지도, 운이 좋다고 너무 그 상황에 취해 교만해서는 안 될 것이다. 그저 순간순간 최선을 다하며 내가 할 수 있는 행동을 이어나가면 된다.

　아빠는 축하받을 일에 너무 오랜 시간 머물러 있지 말라고 말씀하셨다. 감사는 오래 간직하되, 둥둥 떠 있는 마음은 얼른 제자리로 돌려놓으라고 하셨다. 내 능력과 존재를 잠깐 일어난 일의 결과로 판단해버리지 말라고 가르쳐주신 분이 바로 아빠다. 아빠는 내가 감정에 잘 빠져드는 성향임을 누구보다 잘 아셨고 내게 딱 맞는 조언을 해주셨다. 아빠가 아니었다면 그때도 지금도 교만과 자랑의 달콤함에 빠져 넘어지는 일이 많았을 것이다. 그때는 어려서 완벽하게 이해하지 못했지만 돌이켜보면 아빠는 축하받을 일과 기뻐할 일을 누리지 말라는 것이 아니라, 상황에 따라 드는 감정에 너무 오랫동안 취해 있지 말라고 말씀하신 게 아닐까. 살아가면서 늘 좋은 일, 행복한 일만 겪을 수 없는 게 인생이라는 것을 아빠는 잘 알고 계셨다. 그뿐만 아니라 아빠는 내 감정과 결과만 바라보다가 주변 상황과 사람들을 돌아보지 못한다면 교만해지기 쉽다며 늘 주위를 살피라고 당부하셨다. 이웃에게 기쁨을 주는 사람이 되고, 이웃에게 유익한 음악을 하라고 가르쳐주신 아빠가 내겐 또 한 명의 좋은 선생님이었다.

선택의 갈림길에서

내 인생에서 가장 피아노에 몰두하며 지낸 시간을 꼽으라면 단연 고등학교 2학년 시절이다. 그때는 고시생이 밥 먹고 공부만 하듯 수능 공부하는 시간을 제외하고는 종일 피아노 앞에 앉아 있었다. 그전까지는 다양한 곡을 배우면서 부족한 기술을 익히고, 나와 잘 맞는 곡을 찾아가는 과정이었다면 고2부터는 자신 있는 곡을 선택한 뒤 집중적으로 연습하고 외우면서 입시에 대비했다. 그 시간을 어떻게 보내느냐에 따라 결과가 달라지기에 한 순간도 허투루 보낼 수 없었다.

그동안의 노력들에 마침표를 찍는 시기였던지라 점점 압박감을 느끼던 나는 입시일이 다가올수록 점점 예민해져갔다. 수험생의 마음은 모두 같겠지만 음악은 감정을 표현해야 하기에 더욱더 컨디션과 주변 상황에 민감할 수밖에 없었다. 더구나 대학 입시는 한 곡을 끝까지 연주하지 않고 짧은 시간 안에 평가가 이루어지므로 강인한 정신력을 필요로 했다.

두 번째로 만난 입시 선생님이 큰 도움이 되었다. 선생님은 남다른 통찰력으로 나의 부족한 점을 파악하시고 더 나은 연주로 이끌어주셨다. 스스로 노력하고 집중하는 건 얼마든지 할 수 있었지만, 입시곡과 대학을 선택하고 콩쿠르 방향을 정하는 것 같은 중요한 문제는 경험과 지식이 풍부한 누군가의 도움을 받아야 했다. 이럴 때 선생님을 만나 진로의 방향성을 잘 잡아갈 수 있었다. 깊은 애정을 가지고 열정적으로 가르쳐주시는 선생님에게 보답하는 길은 좋은 연주자가 되는 것이라 믿으며 나는 죽어라 연습하고 또 연습했다.

무엇보다 선생님은 기술적·음악적인 부분뿐만 아니라 음악을 대하는 태도와 정신력을 자연스럽게 익히도록 도와주셨다. 기술과 재능도 중요하지만 그것을 제대로 보여주는 태도와 재능이 최대한 발휘되도록 마음을 다스리는 능력도 중요하다는 것을 선생님을 통해 깊이 깨달았다. 눈에 보이지 않지만 눈에 보이는 것만큼 중요한 것들을 다스리며 성실하게 입시 준비를 해나갔다.

그렇게 연습으로 바쁜 나날을 보내는 사이 시간이 훌쩍 흘렀다. 음대 입학이라는 목표가 멀리 있는 것만 같았는데 마음이 확고해질수록 목표와의 물리적·정신적인 거리도 점점 가까워져갔다. 모두 내 안의 열정에 불을 지펴준 선생님의 가르침, 그랜드 피아노를 선물로 받으며 받은 격려, 가족의 응원과 배려 덕분이었다. 모두의 관심과 사랑 속에서 안정감을 얻은 난 열심히 하는 일만 남았다고 생각했다. 그런데 고3 1학기가 시작되면서 갑작스럽게 밀양을 떠나 진주로 이사 가야 하는 상황에 닥쳤다. 도저히 통학할 거리는 아니었기에 학교도 옮기는 게 당연했지만 어느 때보다 중요한 시기를 보내던 내게 전학은 큰 문제이자 고민거리였다. 만약 혼자 밀양에 남는다면 실기 시험을 치르는 다음 해 1월까지 결코 짧지 않은 시간을 가족과 떨어져 지내야만 했다.

머무는 것과 떠나는 것 사이에서 신중하고 또 신중하게 고민했다. 결정을 내리는 것도, 결정에 대한 책임을 지는 것도 내가 감당해야 할 몫이므로 천천히 빈 종이를 꺼내 두 상황에 대한 예측을 적어나갔다. 각각의 상황이 가진 장단점들을 나열하고 감당할 수 있는 일이 많은 쪽을 선택하겠다고 마음먹었다.

우선 밀양에 남아 있으면 당장 지낼 곳도 없고 부모님에게도 걱정을 끼치고 연습할 곳마저 마땅히 없다는 큰

직한 문제들이 있었다. 진주로 이사를 가면 부모님과 함께 살 수는 있겠지만 대구를 오가는 문제와 전학 간 학교에서 잘 적응할 수 있을지가 걱정이었다. 이리 생각하고 저리 생각해보아도 혼자 결정하기엔 너무 중대한 문제 같아 내 생각을 정리한 종이를 부모님에게 보여드렸고 이야기 끝에 온 가족이 함께 이사 가는 것으로 결정을 내렸다. 겪어보지 않아 어떤 일이 일어날지 알 수는 없지만 그렇다고 마냥 두려워할 수도 없는 노릇이었다. 무엇보다도 사랑하는 가족과 함께라면 어려운 일이 생긴다 해도 이겨낼 수 있을 것 같았다.

  결정을 내린 다음 날 엄마는 점심시간에 학교에 찾아와 담임 선생님에게 진주로 간다는 사실을 알린 다음 돌아가셨다. 그런데 잠시 뒤 담임 선생님이 조용히 나를 부르셨다. 복도를 서성이고 있을 때 "아람" 하고 부르시던 선생님의 목소리가 아직도 귓가에 선명하다. 선생님과 도서관으로 자리를 옮겼다. 우리가 마주 앉은 도서관 공간에는 잠시 침묵이 흘렀다.

  그제야 머릿속으로만 생각하고 고민하던 전학이 현실로 다가왔음을 실감했다. '가서 잘할 수 있을까? 새로운 학교에 적응하면서 짧은 시간 동안 준비해서 입시를 잘

치를 수 있을까?' 꽁꽁 숨겨두었던 두렵고 걱정되는 마음이 선생님 앞에서 날것으로 드러났다. 평소 조용하고 묵묵하게, 부드럽지만 강하게 음악 공부를 응원해주신 선생님이셔서 아쉽고 죄송한 마음도 밀려왔다. 담임 선생님과 학생으로 만난 고3 초기였지만, 고2 때부터 선생님의 수업을 들었기에 어느 정도 나에 대해 파악하고 계셨던 걸까. 선생님은 조용한 침묵 속에서 마치 '아람아, 전학을 결정하기까지 얼마나 힘들었니. 지금도 마음이 많이 어렵지?'라고 눈으로 말씀하시는 듯했다.

상의가 아니라 통보를 한 것 같아 죄송했고 선생님과 정들기도 전에 떠나야 하는 상황이 속상했다. 아무리 연습해도 왜 이별은 익숙해지지 않는 걸까. 슬픔 앞에서 고개만 푹 숙이고 있다가 무심코 고개를 든 나는 깜짝 놀랐다. 선생님이 눈가가 촉촉해진 채 나를 바라보고 계셨기 때문이다. 선생님은 다시 한번 고민해보기를 권유하시며 내가 아직 경험해보지 못한 고3 생활과 전학에 대한 본인의 생각을 설명해주셨다.

선생님 이야기를 듣던 내 눈에도 누군가에게 속마음을 들킨 듯 눈물이 고였다. 피아노 앞에서 끊임없이 나를 채찍질하며 마음이 단단해졌다고 생각했는데 피아노를 벗어난 세상에서는 여전히 여리디여린 10대 청소년이었던 것이다. 여러 방향을 제안하고 설명해주시는 선생님 말씀을 들으며 나를 믿어주고 응원해주는 한 사람이 학교 안에 있다는 확신에 가슴이 벅찼다. 고3이 되자마자 일어난 일이어서 서로 정을 쌓지 못했음에도 선생님은 제자를 진심으로 걱정해주는 따뜻한 분이었다. 말에서 진심을 느끼게 하는 것은 거창한 일이 아니었다. 선생님을 통해 자신의 진짜 마음이 무엇인지 살피고, 진심을 담아 상대를 대하면 말과 표정에, 눈빛에, 공기 중에, 침묵 속에서도 마음을 전할 수 있다는 것을 알게 되었다. 그뿐 아니라 누군가에게 마음을 털어놓으면 혼자 고민하는 것보다 생각의 폭을 넓힐 수 있고 미처 생각하지 못했던 것을 알게 됨을 경험했다.

  선생님과 이야기를 나눈 뒤 집으로 돌아가는 버스 안에서 좀 더 다양한 시각으로 이사 문제를 바라보자 생각의 변화가 찾아왔다. 그리고 밀양에 남아도 괜찮겠다는 용기가 생겼다. 하지만 부모님의 의견도 중요했으므로 부모님과 대화한 다음 최종 결정을 내리기로 했다. 집에 도착해서 엄마에게 담임 선생님과 나눈 이야기를 들려드리고 내 생각의 변화에 대해 말씀드리자 엄마도 선생님과 어떤 이야기를 주고받았는지를 알려주셨다. 내가 전학을 가야 할 것 같다는 이야기에 선생님은 눈물을 흘리더니 빨개진 눈으로 이렇게 말씀하셨다고 한다.

"어머님, 만약 지금 시기에 어떤 학생이 저희 반으로 전학을 온다면 다른 학생들만큼 잘 챙겨주지 못할 것 같습니다. 아람이 담임을 한 적은 없었지만 어떤 학생인지 알고 있으니 믿고 맡겨주시면 어떻겠습니까."

엄마는 담임 선생님에게 참 감사하다시며 내 결정에 따르겠다고 하셨다.

"학교 선생님이 내 딸을 그렇게 생각해주니 믿음이 가고 우리가 생각하지 못한 부분까지 말씀해주셔서 감사했어. 엄마 아빠는 네 결정을 존중할 준비가 되었으니 조금 더 고민해보고 이야기해주렴."

나를 아끼는 부모님과 선생님의 조언을 되뇌며 고민을 거듭했고, 밀양에 남기로 했다. 그래도 두려움은 여전히 발목을 잡아 마음이 완전히 홀가분하지 않았지만 내 또래에 부모님과 떨어져 기숙사에서 지내는 친구들도 많고, 대학을 가면 자연스럽게 떨어져 지내게 되므로 이른 경험이라 생각하기로 했다. 느닷없이 발생하는 일 앞에서는 누구나 좋고 나쁨을 떠나 당황하기 마련이다. 심장이 빨라지고 분별력이 흐려지기도 하는 상황에서 올바른 판단을 내리도록 도와준 것은 '사람'과 '대화'였다. 그때 선생님께서 붙잡아주지 않았다면 나는 어떤 모습이 되었을까. 물론 진주에 가서도 열심히 했겠지만, 굉장히 복잡하고 어려운 상황에서 더 고군분투했을 것이 분명하다. 밀양에 남았다고 해서 선생님이 특별하게 나를 신경 써주신 것은 아니지만, 진심으로 응원해주는 존재가 학교에 있다는 사실 자체가 큰 힘이 되었다.

꿈길에 함께해준 사람들

밀양에 남기로 한 뒤 가장 먼저 한 일은 추억을 쌓지도 못한 채 선물받은 그랜드 피아노를 판 것이다. 그다음 해결해야 할 것은 거처 문제. 지낼 곳이 마땅치 않아 내심 걱정했는데 다행히 실기 시험을 보기 전까지 부모님과 친하게 지내던 할머니 할아버지 댁의 작은 방에서 지낼 수 있게 되었다. 아파트 상가에 있는 피아노 학원 연습실을 사용하기로 하면서 가장 중요한 피아노 연습실 문제까지 해결이 되었다.

주위의 배려로 그럭저럭 안정적인 환경에서 본격적인 독립 생활을 해나가면서도 주변 상황이 한꺼번에 바뀌니 마음이 조금 혼란스러웠다. 모든 것이 낯설고 어색했지만 나는 이왕 이렇게 된 거 피아노와 공부에 더 집중할 수 있는 긴장감을 선물받았다고 생각하기로 마음먹었다. 조금이라도 투정 부릴 사람이 없으니 긴장의 끈을 놓지 않게 되었고 집과 연습실이 내 것이 아니다 보니 더 바르게 지내고 집중해서 연습하려 노력하게 되었다.

　가족은 일주일에 한 번 만났는데 토요일에 대구로 레슨을 갔다가 수업을 마치면 진주로 향했다. 학교 생활과 레슨으로 바쁜 나날을 보내던 고3 시절, 주말마다 장거리를 오가는 것이 쉬운 일은 아니었다. 하지만 내게 위로와 격려를 아끼지 않는 가족을 만나는 시간은 연습만큼이나 값진 순간이었다. 우리는 떨어져 지내며 서로의 소중함을 더욱 깊이 깨달았고, 물리적으로 떨어져 있는 시간은 길어졌지만 오히려 마음은 돈독해지고 사랑의 크기 또한 더 커져갔다. 밝은 모습으로 진주를 가기 위해 수업 준비도 더욱 철저히 했다. 수업을 잘 받아야 컨디션을 최고조로 끌어올릴 수 있었으므로.

　바뀐 건 생활만이 아니었다. 고3이 되면서 레슨에도 변화가 찾아왔다. 목표로 하는 대학을 정하고 학교 시험에 맞춰 곡을 준비했으며 모의 실기 시험도 치렀다. 예술 고등학교와는 달리 무대를 경험하고 실기 시험을 볼 수 없는 인문계 고등학교에 다녔던 내게 모의시험은 황금 같은 기회였다. 다른 입시생보다 기회가 별로 없어서 불리할 수도 있었지만 그렇기에 한 번의 기회에도 실전처럼 몰입할 수 있었다.

〈Rachmaninoff Piano Sonata No.2〉와 〈Chopin Etude Op.10 No.8〉들이 실기 시험 곡으로 확정되면서 나는 결승선을 향해 달리는 마라토너가 되어갔고, 선생님은 든든한 코치이자 동행자가 되어주셨다. 곡을 깊이 파헤치고 연습하면서 내 성격의 단점들도 발견했다. 나는 작은 것에 큰 의미를 부여하느라 놓치는 것이 많았고, 기록에 의지하느라 음악을 몸으로 익히는 속도가 더뎠으며, 힘 조절을 잘하지 못해 거친 소리가 나곤 했다. 신기하게도 성격과 직결된 부분이 많았는데, 사람들이 업무를 보거나 공부할 때 생활 습관이 반영되는 것과 비슷하다고 할 수 있겠다.

그럴더라도 선생님은 꾸중하지 않고 나에게 잘 맞는 연주법과 연습 방법을 가르쳐주려고 애쓰셨다. 제자의 형편까지 살피시며 넘어질 때마다 갖은 방법으로 일으켜주셨다. 뛰어난 것 없었던 내 피아노 여정에 동행해주신 선생님 덕분에 나는 계명대학교 콩쿠르 1등과 대학 합격이라는 좋은 결과를 얻었다. 선생님은 누구보다 기뻐하며 세상에서 가장 투명한 눈빛으로 말씀하셨다.

"문아람, 너는 서울 가서도 잘할 거야. 선생님은 안 봐도 알 수 있어. 열심히 살면 그게 나에 대한 보답이야."

인생은 출발선과 결승선이 있는 짧은 필드의 연속이다. 그 길을 가다 보면 필드 밖에서 응원을 보내주는 사람을 만나기도 하고 곁에서 격려하는 사람을 만나기도 하고, 함께 뛰어주는 사람도 만난다. 때로는 물을 마시면서 쉬어가기도 하고, 힘들고 지쳐 걷기도 하며, 뜻밖의 나무 그늘을 만나 시원한 바람 맞으며 땀을 식히기도 한다. 예상치 못한 비를 피하지 못해 홀딱 젖을 때도 있고, 뜨거운 햇살 때문에 눈살이 찌푸려지고 살이 타기도 한다. 그럼에도 다시 뛸 수 있는 원동력은 결승선을 생각하는 의식과 뛰든지 걷든지 일단은 나아가겠다는 의지다. 가다 보니 만나는 것이다. 비를 만나 불편할 수 있고, 강한 햇볕에 뜨거울 수 있지만, 비와 햇볕과 사람과 자아를 만났다는 것은 내가 살아 있다는 증거다. 그렇게 입시라는 긴 필드를 함께 뛰어주신 선생님과 결승선을 통과하며 인생의 큰 가르침을 얻었다.

 음대 진학이라는 목표를 세우고 피아니스트라는 꿈의 씨앗을 심으면서 내가 한 일은 간절한 마음으로 연습하고 노력한 것밖에 없었는데 단출한 꿈길에 참 많은 분이 참여해주셨다. 그분들은 단순히 응원만 해주신 것이 아니라 함께 꿈을 꾸고 걸어주셨다. 그분들 덕분에 연습과

노력만으로 가꾸면 되는 줄 알았던 꿈 밭에 감사와 인내, 혹은 이별과 슬픔, 긴장과 고민이라는 자양분을 심는 법을 배웠다.

  혼자 해내기 어려운 일들도 있고 스스로 감당해야 할 몫도 있지만, 간절함에 몸과 마음이 반응할 때 그 간절함은 앞으로 나아갈 힘이 되어주는 것을 경험했다. 그렇게 많은 분이 놓아주신 징검다리 덕분에 서울에 도착할 수 있었다. 돌아보면 혼자 해낸 것은 아무것도 없다. 오직 감사하면서 열심히 했다.

  내 꿈에 참여하고 햇빛과 자양분이 되어주신 분들과 채워나간 나의 10대 시절은 앞날에 꼭 필요한 많은 교훈을 주었다.

> 감사하고 감사를 누리되 그 감정에 지나치게 취하지 말 것, 지독하게 겸손할 것, 끝까지 낮은 마음으로 무슨 일이든지 열심히 할 것, 인위적인 기회를 만들려 하지 말고 바른 마음으로 바른길을 걸으며 최선을 다하다가 자연스러운 기회에 반응하고 최선을 다할 것, 가졌다고 자랑하지 말고 가지지 못했다고 탐하지 말 것, 티끌 같은 성공을 맛볼지라도 성공 뒤에 가려진 이웃들을 돌아볼 것, 성공은

내가 만드는 것도 아니고 내 것이 아니므로 반드시 나눌 것, 마지막으로 이 모든 것을 100퍼센트 지킬 수 없을지라도 완벽을 추구하고 기억하면서 살 것.

낯선 도시에서
거리의 피아니스트가 되다

실패하기 위해 시작한 서울살이

대학에 합격하고 서울로 향하는 차 안에서 내가 다짐한 것은 단 한 가지였다. '끊임없이 실패하고 많이 실패해보자.' 실패를 위해 살겠다는 다짐이 아니라, 많은 경험과 도전을 하겠다는 의미였다. 실패를 두려워하면 도전할 수 없고 결과를 위해서만 도전하게 되면 절대 다양한 경험을 할 수 없다. 내 마음대로 할 수 없는 결과가 중요해져버리면 다음 걸음이 두려워지고 무거워진다. 그래서 나는 모든 것을 내려놓고 할 수 있다면 무엇이든 경험하고 도전하기로 마음먹었다.

  내 인생의 주인공은 나이기에 직접 경험해보지 않으면 내가 무엇을 잘하고, 무엇을 좋아하는지 알 수 없다. 그래서 경험이 중요하다. 좋은 스승과 인생 선배에게 이야기를 듣는 것도 간접 경험을 하는 유익한 기회가 되지만 그것은 어디까지나 조언일 뿐이다. 나는 직접 몸으로 경험하고 느껴보고 싶었다. 경험하다 보면 생각보다 빠르게 포기하는 일도 생기겠지만 겪어보았기 때문에 더 이상 미련을 가지지 않을 테며, 짧은 경험 안에서도 한 가지씩은 꼭 배우게 된다고 생각했다. 포기하고 실패하는 상황 자체보다 그 안에서 내가 어떤 태도를 취하는지가 중요한 법이니까.

평생 피아노를 치면서 살고 싶었지만 그것만으로는 너무 포괄적이었기에 구체적인 꿈의 방향을 정할 필요가 있었다. 악기를 전공해서 전문성을 갖추어 내 스스로도 행복해지고 이웃에게도 유익한 일을 찾고 싶었다. 그 길을 발견하기 위해 나는 경험이라는 단어로 포장된 말도 안 되는 실패와 실수로 가득한 20대를 보냈다. 겪을 때는 힘든 순간도 많았지만 '다시'를 반복하면서 일어나는 힘을 배워나갔다.

대학을 졸업하기 전까지는 공부하고 실기를 준비하면서 레슨으로 용돈을 벌었다. 처음에는 한 명으로 시작했다가 점점 학생들이 늘어나면서 전문 레슨 강사로 일했는데 적게는 일주일에 열 명 정도를 가르쳤다. 그러면서 가르치는 일에 보람을 느꼈고 부족한 나를 선생님이라 불러주는 학생들이 고맙고 참 사랑스러웠다. 성격도 다르고 수준도 다른 학생들을 가르치면서 노하우도 생겼고 잘못된 습관을 고쳐주기 위한 해결책과 연습 방법을 찾아가면서 나 또한 많은 것을 배웠다. 성북동에 있는 대학교, 논현동에 있는 기숙사, 학생들이 사는 도곡동과 잠실을 다니면서 토요일에는 신도림에 있는 학원에서 근무하던 그 시절, 발전하고 성장하는 학생들을 보면 분명 보람이 있었다. 그러나 늘 마음 한구석이 허전하고 피아노와 함께 살고 있음을 느끼지 못했다. 무대에 오르지 못해서였을까? 그 감정이 단순히 무대에 대한 갈증만은 아니었음을 반주자 활동을 하면서 확인했다.

레슨과 함께 많이 했던 일이 반주였는데 당시 나는 성악, 바이올린, 비올라, 첼로, 플루트, 팀파니, 색소폰, 마림바 등 다양한 악기의 반주자가 되어 연주자들과 무대에 올랐다. 예고 학생들과 대학생들의 반주를 하면서 학생들을 따라 교수님 레슨에 함께 들어가기도 했다. 비록 반주자로 동행했지만 음악에 대해 배울 수 있는 순간이 좋았다. 다양한 악기로 음악을 만들고 표현하는 법을 배웠고, 다채로운 음색과 색채를 보고 듣는 귀한 경험도 했다.

어떤 반주는 피아노 솔로 곡보다 더 어려워서 심혈을 기울여 연습해야 할 때도 있었다. 무엇보다 반주는 솔리스트를 빛내주어야 하고, 때로는 솔리스트와 선율을 주고받는 듀오 연주자가 되기도 하기에 어떤 상황에서도 솔리스트의 연주에 피해를 주지 않기 위해 충분한 연습을 해야만 했다. 마지막으로 반주자가 없으면 솔리스트가 연주를 완성할 수 없기에 시간을 금으로 생각하고 철저히 지키는 습관을 연습할 수 있었는데 그 덕에 내겐 약속 시간보다 한 시간 먼저 도착하는 좋은 습관 하나가 생겼다. 예고 학생이 시험을 보는 날이면 한 시간 전에 예고 근처 카페에 도착해서 시간을 보내다가 시험에 들어갔고, 교수님 레슨 반주가 있으면 스튜디오 근처에 미리 도착해서 기다렸다. 헐레벌떡 도착해 피아노 앞에 앉으면 안정감 있는 반주를 하기가 힘든 이유도 있었다.

그러나 반주를 하면 할수록 마음 한구석이 허전했다. 오랜 시간 반주를 하면서 많은 무대에 섰고, 훌륭한 교수님과 연주자들을 만났으며, 피아노 솔로 연주보다 더 넓은 음악 세계를 경험했지만 그것만으로는 채워지지 않는 무언가가 있었다. 레슨과 반주 모두 피아노 곁에서 하는 일인데 무엇이 내 맘을 허전하게 했을까. 늘 피아노와 함께 있지만, 동행하고 있지 않은 것 같은 이 기분은 무엇일까. 계속 샘솟는 욕구는 무엇일까.

고민은 고민을 낳았고, 고민은 생각을 낳았고, 생각은

또 고민으로 이어졌다. 길고 길었던 고민의 시간을 끊임없이 고민했다고 말하기에는 부족하지만 그 밖에 다른 적당한 표현이 없어서 하는 수 없이 끊임없이 고민했다고 말해야겠다. 클래식 피아노를 전공해서 할 수 있는 일이 무엇이 있을까. 공부를 이어가거나, 피아노 선생님으로 살아가는 것 외에 어떤 길이 있을까. 다른 사람들이 가지 않은 길을 걸어본다면 '개척'이 되겠지만 또 다른 말로 앞이 잘 보이지 않는다는 의미도 있다.

  나는 고민을 말할 때 진짜 고민과 가짜 고민을 함께 말한다. 이것은 나의 성향이나 성격과 관련된 것일 수도 있는데 내가 고민하고 있는 무언가의 진정성과 깊이를 판단할 때 짚고 넘어가는 절차다. '나는 지금 진짜 고민을 하고 있나, 가짜 고민을 하고 있나?' 진짜 고민일수록 무게는 무겁고, 함부로 타인에게 전달하지 않으며, 입 밖으로 뱉기 힘들다. 진짜 고민일수록 그 안에 타인이 개입할 여지가 적고 고민이 해결될 때까지 고민의 주제 외에는 다른 상황이 눈에 들어오지도, 귀에 들리지도 않는다. 본디 말이라는 것이 옮겨지기 쉽고, 옮기면서 변질될 가능성이 많다는 것은 누구나 아는 사실이다. 이것을 워낙 두려워한 나는 내 고민이 타인에 의해 가벼워지거나 조롱의 대상이 되는 것을 조심스러워했다. 그렇기에 내가 내 고민들을 지켰고, 고민하는 시간의 가치를 키워나갔다. 타인은 나에게 답을 줄 수 없다. 고민에 대해 가장 간절한 사람은 나이기 때문이다. 타인은 내 고민을 듣는 그 순간만 잠시 걱정할 뿐 하루 중 많은 시간을 고민하는 일에 쓰는 사람은 '나'이기 때문이다. 생각이 깊어지려면 혼자 생각하는 시간이 많아야 한다. 나는 이 시간을 사랑하고, 이 시간을 그 누구에게도 방해받고 싶지 않다. 이것을 사색이라고 불렀다.

음악을 따라가고 보조하는 것이 아니라 내 악기로 말하고 내 이야기를 들려주고 싶은 맘이 강하게 일었다. 그동안은 피아노와 함께라면 어디든 괜찮았지만 이제는 우물을 벗어나 넓은 세상을 경험할 필요가 있었다.

그러면서 삶을 조금 더 현실적으로 바라보았다. 세상엔 나보다 뛰어난 피아니스트가 많고 넘을 수 없는 산도 존재한다. 클래식 피아니스트로 살아가기에는 현실적인 문제가 많다는 것을 받아들였고 좌절이 아닌, 다른 방향을 고민했다. 다양한 장르를 연주하는 피아니스트, 피아노 앞에서 여러 가지 모습을 보여주는 연주자가 된다면 내 연주를 들어주는 사람이 나타나지 않을까. 내 음악을 들어주는 사람만 있다면 연주회는 가능하다고 생각했다.

어떤 곡을 연주하든 평생 피아노와 함께 무대에 서는 것을 꿈으로 삼으니 할 수 있는 일이 훨씬 많아 보였고, 보는 눈과 마음도 넓어졌다. 우물 안 세상이 전부인 줄 알다가 용기 내 나와보니 세상은 넓고 세상에 서 있는 나도 결코 작지 않았다.

우선 음악 공부를 꾸준히 하면서 문아람이란 이름 앞에 다른 수식어를 붙여보기로 했다. 그때부터 레슨 강사, 반주자 외에도 학원과 출판사, 병원 아르바이트, 작곡 아르바이트, 음악 감독, 모델 등 기회만 주어진다면 무엇이든 거침없이 도전하고 경험했다. '피아니스트 문아람의 콘서트'가 아니라 '감독 문아람의 콘서트', '작가 문아람의 콘서트' 등 다양한 수식어를 붙여서 피아노 콘서트를 열면 더 풍성하고 이색적일 것 같다는 생각에서였다. 피아니스트가 되는 길에 대학원 공부와 유학이 따라야 하는 것이 일반적인 과정이라면, 독특한 과정을 직접 만들어보겠다는 큰 포부랄까. 당연히 힘들 때도 있었다. 하지만 서울에 올라오면서 실패와 실수를 하겠다고 다짐했던 첫 마음을 굳게 붙들고 나아갔다.

그때 매일같이 들렸던 마음의 소리는 '실패여 나에게

오라'였는데 결과를 바라보지 않고 경험 자체에 몰입하기 위함이었다. 물론 불안할 때도 있고 예상치 못한 상황에 넘어질 때도 있었다. 그럴 때마다 나를 믿어주는 엄마의 응원이 큰 힘이 되었다. 진주로 이사 가신 뒤 하루도 눈을 제대로 붙이지 못할 만큼 바쁘고 고단한 생활을 하던 엄마는 통화할 때마다 도전에 대한 내용이 바뀌는 딸의 이야기에 늘 긍정적인 에너지를 불어넣어주셨다.

"뭐든지 해봐. 할 수 있음에 감사하고. 엄마는 딸을 믿어. 파이팅!"

"하다 보면 자연스럽게 마음이 정리되고 믿음이 생길 거야."

그때 도전했던 일 중에서 피아노와 관련 없는 일도 많았지만 각각의 경험은 분명한 메시지를 던져주었다. 하지만 각각의 경험은 모두 분명한 메시지를 던져주었다. 무엇보다 몸으로 직접 겪으며 내가 생각했던 부분과 다른 점을 빠르게 파악하고 판단할 수 있었다. 그것들은 내게 좋은 영향력을 주기도 했다. 일은 맞지 않아도 사람을 만나는 것이 좋았고 음악 이야기와 삶을 나누는 시간이 즐겁고 유익했다. 다양한 환경, 연령대, 갖가지 성격의 사람들에게서 인생을 배웠으며 무엇보다 피아노와 함께 나만의 무대에서 내 이야기를 전하며 살아야겠다는 확신이 생겼다. 정해진 공간과 관중이 아니라 장소에 상관없이 만나는 새로운 사람들의 이야기를 듣고 이에 대한 대답을 음악으로 들려주고 싶었다.

사람 문아람의 지인이어서 찾아오는 무대가 아니라 아티스트 문아람이 연주하는 음악과 이야기를 듣고 힘을 얻기 위해 찾아오는 사람들로 채워진 무대를 갈망했다. 구체적인 방법은 알 수 없었으나 마음의 소리를 확인했으니 방법은 찾아가면 되는 것이었다.

일단은 내 음악을 아는 사람이 없으니 스스로 무대와 청중을 찾아가기로 마음먹었다. 여전히 뚜렷한 방법은 없었지만 나와 가장 잘 어울리고 나만이 할 수 있는 한 가지 방법을 찾게 해달라고 기도하며 매일 도전을 멈추지 않았다.

세상이 학교다

어떤 일을 할 때 어디서부터가 시작일까. 과정이라고 말하는 구간은 무엇과 무엇 사이일까. 쉽게 구분 지을 수는 없지만 우리는 보통 시작과 마무리 사이에서 일어난 일들을 경험이라 부르며 이를 배움으로 기억하기도 하고 상처로 여기거나 잊기 위해 애를 쓰기도 한다.

나는 수많은 일을 겪으며 좋았던 시작, 어려웠던 시작, 괴로웠던 마무리, 괜찮았던 마무리, 폭풍처럼 몰아쳤던 중간 과정, 생각보다 잔잔했던 과정까지, 정말 다양한 경험을 했다. 그 경험을 통해 배웠고, 반성했고, 공부했고, 깨달았다.

시작했으나 시작이 되지 않았고 준비했다고 해서 완벽한 성과를 얻지 못했고 시작과 과정이 순탄했는데 예상치 못한 변수로 마무리가 슬펐던 적도 많다. 시작할 때의 포부는 야심 찼으나 생각보다 포기의 순간이 찾아오거나, 정답인 줄 알고 열심히 뛰었는데 오답일 때도 있었다. 하지만 나는 좌절하지 않았다. 경험은 절망을 안겨주기도 하고 용기와 희망을 주기도 하지만 그것보다 중요한 것이 있었다. 바로 앞으로의 삶을 알 수 없기에 좋았다고 교만할 수 없고, 나빴다고 마냥 슬퍼할 필요도 없다는 지혜였다.

경험해나갈 때는 인내가 필요하고 유혹과 기회를 분별하는 지혜가 필요한데 나는 타고난 감성주의자여서 현실감각을 익히는 데 많은 대가를 치렀다. 그렇기에 후회와 아픔이 있을 때도 많았지만 그럴 때면 '그 일을 통해 무언가를 배웠다'고 생각하며 나를 위로했다.

이처럼 내 20대는 이렇다 할 큰 업적은 없지만 온갖 경험으로 빼곡하게 채워졌다. 나는 실수했고, 모자랐고, 겁이 없었고, 대책 없기도 했으며, 힘들었지만 그것은 모두 앞으로 살아가면서 만날 일들에 대한 예습이었다.

열아홉 살과 스무 살의 경계 그 어디쯤부터였을까. 대학 합격을 하고도 나는 뒤늦게 사춘기가 찾아온 것처럼 청소년과 성인 사이의 모호한 경계선에서 힘들어했고, 어른이 된 것 같은데 아직 아이인 듯한 이상한 기분을 느꼈다. 음대 진학이란 결승선을 향해 달려왔던 긴 과정에 종지부를 찍고 서울에서 대학 생활을 시작했지만 목표를 이뤘다는 성취감보다는 머릿속이 하얀 도화지가 된 듯 막막함이 몰려왔다. 눈앞의 목표에 매진하느라 그다음 삶에 대해 전혀 생각하지 못한 탓이었다. 아니, 생각해야 한다는 것 자체를 생각하지 못했다.

  무언가를 이루고 난 뒤 갑자기 공허함이 찾아올 때가 있다. 목표를 이루었다는 것 자체로 감사하고 기쁘지만, 행복을 누리는 것도 잠시 또다시 찾아오는 시작과 도전 앞에서 우리는 긴장하며 새로운 발걸음을 내딛게 된다. 연애의 마침표를 결혼으로 찍었지만, 결혼 생활이라는 새로운 시작이 열리고, 결혼 생활이 익숙해지는가 싶으면 아이를 낳아 기르는 또 다른 삶이 시작되는 것처럼. 취업 준비 끝에 입사라는 마침표를 찍으면 또다시 회사 생활을 하게 되는 것처럼 익숙함이 주는 편안함 뒤에는 새로운 경험이 기다리고 있다. 과정 하나하나는 연결 고리가 되어 서로 이어지고, 경험이라는 이름의 학교에서 나도 몰랐던 나를 발견하고, 세상을 배우게 된다.

병원에서 배운 말 공부

서울에 올라와서 하게 된 첫 아르바이트는 한 출판사의 타이핑 업무였다. 매일 아침 출근해서 외국어 강연의 동시통역을 들으면서 그것을 받아 적고 수정하는 일이었는데 서울로 학교를 다니게 됐다는 소식을 들은 친한 언니가 소개해준 자리였다. 비록 취득은 못 했지만 초등학생 시절 워드 자격증을 받기 위해 연습했던 실력이 녹슬지 않았던 터라 일 자체는 그리 어렵지 않았다. 문제는 정해진 시간에 출근해서 같은 장소에서 같은 일을 하고 일정한 시간에 점심을 먹고 퇴근하는 생활 양식이었다. 어린 시선에서 매일 규칙적으로 살아가는 어른들이 그저 대단하고 존경스러워 보였고 적응이 쉽지 않았다.

그래도 주어진 일에 감사하며 지내던 어느 날, 사고가 터졌다. 그날은 아침부터 졸음이 쏟아졌다. 등하교하는 것과는 차원이 다른 생활에 긴장하기도 했고 정해진 시간 안에 일을 해야 한다는 부담에 전날 잠을 제대로 이루지 못해서였다. 나는 냉수에 얼음을 가득 담아와 졸릴 때마다 마시면서 잠을 이겨내려 애썼다. 하지만 밀려오는 졸음을 참기란 쉽지 않았고 얼음과 물을 입에 넣는 순간 눈이 감기면서 물을 미처 삼키지 못했다. 책상과 컴퓨터에 떨어지지 않은 것이 천만다행이었지만 물과 얼음은 그대로 내 바지에 쏟아졌다. 어찌나 민망하던지. 지금 생각하면 노력은 가상했으나 어설픈 사회 초년생의 실수에 웃음이 절로 난다.

기억에 남는 또 다른 아르바이트는 내시경 전문 병원에서 기계를 닦는 일이었다. 위장과 대장 내시경 검사를 전문으로 하는 병원 한쪽에 마련된 세척실에서 내시경 장비를 닦고 가끔 환자분들을 보살피며 나는 간접적으로나마 꿈을 이루는 소중한 기회를 얻었다.

어렸을 때 나는 꿈이 참 많은 소녀였다. 글을 쓰고 질문하고, 말하는 것이 좋아 기자가 되고 싶었고, 의대에 가려면 공부를 얼마나 잘해야 하는지도 모르면서 그저 사람을 살리는 현장에 있고 싶었다. 교사도 되고 싶었는데 딱히 가르치고 싶은 과목이 있다기보다 아이들과 삶을 나누고 인생의 방향을 지도해주고 싶었다.

여러 꿈 중에서 현실과 가장 멀리 떨어져 있었던 의사.

나는 공부를 좋아했지만 수학과 과학 같은 이과 학문에는 재능이 없었고 사람을 살리고 싶었지만 피가 무서웠다. 이룰 수 없다는 걸 알면서도 아련하게 의사의 길을 꿈꾸던 내게 병원 아르바이트는 출퇴근하는 것만으로도 그저 행복을 주는 일이었다.

값비싼 내시경 기계를 꼼꼼히 닦으며 지금까지 한 적 없는 경험을 했고, 의사와 간호사의 노고를 눈으로 볼 수 있었다. 수면 내시경을 받느라 침대에 누워 있는 어르신들의 곤한 모습에서는 부모님을 떠올리기도 했다. 의사가 되고 싶었던 작은 상상이 비슷하게 나마 현실로 일어나면서 병원과 환자들을 바라보는 시선도 바뀌었다. 환자들을 직접 돌보지는 않았지만 그들이 내가 닦은 기계로 검사한다고 생각하자 내가 맡은 일이 소중해졌고 책임감도 생겼다. 새로운 세상에 속해 살아가는 것은 기간에 상관없이 유익함을 가져다주었다.

그곳에서는 일 자체도 무척 보람 있었지만 그보다 더 인상 깊었던 것은 병원장님의 인사였다. 잠깐 머물다 가는 아르바이트생일 뿐인 내게도 병원장님은 참 친절하셨다. 세척실에 와서 "수고가 많아요", "고마워요"라고 격려하시고 명절이면 과일 선물 세트를 주시던 원장 선생님의 온화한 모습이 아직도 눈에 선하다. 당시 시급이 얼마였는지는 이제 기억이 나지 않지만 같이 일했던 간호사분들의 따뜻한 눈인사와 원장님의 격려, 문득문득 세척실에 들어오셔서 나의 수고를 알아주던 의사 선생님들은 지금까지 또렷하게 생각이 난다.

기억 속에 오래 남는 것은 사람이다. 일이 좋았어도 관계가 힘들었다면 좋지 않은 기억으로 남고, 일이 힘들었어도 함께하는 사람이 좋았다면 보람되고 의미 있는 시간으로 기억된다. 정확히는 사람 때문이 아니라, 사람이 하는 말과 행동, 표정을 통해 내 심장에 전해지는 무언가가 기억을 저장시키는 것 같다. 나는 그것을 '진심'이라고 말하고 싶다.

심장을 반응하게 하는 표현은 따로 있는 게 아닐까. 자신의 잘남을 드러내는 말보다 누군가의 재능을 알아보고 응원해주는 말, 떠오르는 대로 뱉기보다 생각하고 선택해서 전하는 언어에는 힘이 있다. 또한 말의 속도에 따라 흥분됨과 차분함을 느낄 수 있고, 높낮이, 목소리 크기에 따라 신뢰를 주거나 잃을 수도 있다. 자신이 말하고도 어떤 말을 했는지 기억하지 못한다면 상대에게도 정확하게 전달이 되지 않았을 가능성이 크고, 마음을 담아서 전한 표현은 상대방도 마음으로 받아들이게 된다.

  누군가와 대화하며 상대의 말에 어떤 마음이 담겼는지를 느끼고 그로써 그의 생각이나 감정을 전달받는 것은 지극히 자연스러운 일이다. 이것들은 글로 배우는 것이 아니라 보고, 느끼는 것이 몸에 배면서 자연스럽게 터득하게 된다. 다정한 말투를 듣고 자란 아이는 다정한 말투를 물려받고, 부모의 언어폭력을 듣고 자란 아이는 말을 잃거나 똑같은 표현을 할 가능성이 높은 것도 마찬가지다. '말 한마디에 천 냥 빚 갚는다'는 속담이 있다. 이는 말의 힘이 천 냥 빚을 갚기 위해서만 필요하고, 그럴 때만 발휘된다는 뜻이 아니다. 말에는 그 정도의 엄청난 위력이 있으므로 단어 하나도 늘 조심히 선택해야 함을 의미한다.

  나는 말은 뱉으면 끝이 아니라 뱉는 동시에 생명력을 지니기 시작한다고 생각한다. 피아노도 마찬가지다. 피아노 건반을 눌렀다고 끝나는 것이 아니다. 피아노 건반을 누르는 순간 일어난 진동은 공기를 통해 청중의 귀에 닿는다. 좋은 소리는 귀뿐 아니라 심장과 마음을 파고들어 가슴을 울린다. 그래서 이를 아는 피아노 연주자들은 예쁘고 좋은 소리를 내기 위해 수많은 시간 동안 연습하며 깊고 맑은 소리를 만들어간다. 터치를 공부하고 자신의 신체 구조까지 연구해서 어떻게 건반을 눌러야 좋은 소리가 날지를 끊임없이 모색한다.

피아노 연주에서 가장 중요한 도구가 손가락인 것 같지만 그렇지 않다. 피아니스트들은 신체의 모든 기관을 사용해, 온몸으로 연주한다. 피아노를 잘 치려면 우선 두 발이 몸을 제대로 지탱해 무게 중심이 바로 서야 한다. 척추가 바로 서고 몸의 중심이 잘 잡혀야 두 팔을 자유롭게 조절할 수 있다. 또한 척추를 따라 올라와 양쪽 어깨를 지나 팔꿈치와 손목을 따라 도착하는 손가락 끝까지, 어느 한 곳에도 인위적인 힘이 들어가면 공명을 담은 좋은 음을 낼 수 없고 딱딱하고 둔탁한 소리가 난다. 이완이 잘된 팔과 몸, 그러면서도 단단하고 견고한 손가락이 피아노 소리를 아름답게 만든다.

말도 그렇다. 말이 입에서 입으로 전해지고, 의견만 전달하는 수단이라면 정확성만 생각하면 된다. 하지만 말에는 감정과 기분이 담긴다. 그러므로 신중하게 선택하고, 필요하다면 연습하고 스스로를 점검해야 한다. 말할 때마다 지나치게 생각하고 스트레스를 받을 필요는 없지만 적어도 내가 존중받기를 원하고, 말로 상처받고 싶지 않다면 자신의 언어 습관을 먼저 살펴보아야 한다. 병원 아르바이트를 하며 배운 말에 대한 진리는 내 삶의 중요한 가치관을 세워주고 피아노를 치는 데도 큰 도움이 되었다.

아이들에게 배우다

피아노를 가르치면서 숙제 검사를 할 때면 다양한 아이들의 모습을 볼 수 있다. 하지도 않고 연습했다고 거짓말하는 아이, 연습할 시간이 없었다고 변명하는 아이, 숙제 검사를 하는 선생님을 미워하는 아이, 조금의 실수도 받아들이지 못하는 아이, 피아노 수업보다 선생님이랑 같이 있는 시간이 그저 좋은 아이, 놀고 싶어 하는 아이, 몸이 근질거려서 가만히 있지 못하는 아이, 억지로 배워야 해서 지겨운 아이까지, 정말 가지각색이다.

  학생들의 모습과 성격, 태도는 다 달랐지만 나는 누구에게나 같은 모습을 보이려고 노력했다. 선생과 제자이기 전에 두 인격체가 만난 것이고, 아이들도 그들의 세상에서 치열하고 살고 있을 테니 어른들과 사는 세상이 다르다 해서 쉬운 삶은 아닐 것이라고 생각했다. 그래서 나는 더욱 겸손한 마음으로 학생들을 대했다. 내가 잘나서 누군가를 가르치는 것이 아니라 단지 먼저 배운 것뿐이었고, 가르침은 부모님의 선택에 의해 찾아온 낯선 사람에게 자신의 시간을 내주는 아이들이 있기에 가능하다는 사실을 잘 알았기 때문이다. 그렇게 만난 학생들과는 레슨이 마무리된 지금까지도 연락하며 지내고 있다. 아마도 그때 내가 아이들의 행동을 이해하려 하기보다 "그랬구나" 하고 있는 그대로 받아들였기에 오래도록 인연의 끈을 이어올 수 있었던 게 아닐까.

'그랬구나'라는 대답에는 묵직한 내공이 있다. 이것은 판단하기보다 공감하고 이해하고 상대의 상황을 받아들인다는 말이다. 내가 아이들에게 이렇게 말할 수 있었던 이유는 아이들에게서 내 모습을 발견해서다. 거짓말하고 미워하고 받아들이기 어려워하고 지루해하는 학생들의 모습은 어린 시절만이 아니라 성인이 된 지금까지 간직하고 있는 내 모습이기도 하다. 이는 나뿐 아니라 많은 어른이 가지고 있으면서도 숨기는 모습이지 않을까.

아이들을 대할 때 윗사람과 아랫사람이라는 수직 관계로 접근하면 명령과 복종의 관계가 되기 쉽다. 먼저 경험해보았고 정답을 알고 있다는 이유만으로 아이의 행동을 제한하고 다그칠 자격은 그 누구에게도 없다. 부족한 답을 이야기하거나 투정을 부리고 실수하더라도 관계의 정의를 다 제거한 다음 차근차근 이야기하면 문제를 해결할 수 있다.

아이들의 이야기가 조금 유치하고 이미 알고 있는 내용이라 할지라도, 친구에게 하듯 반응하고 귀 기울이면 자연스럽게 대화의 문이 열린다. 그때부터 가르치는 것은 교사의 일이 아니라, 서로가 나누는 대화 속에서 이루어지고, 학생과 제자는 존중하는 사이가 될 수 있다. 어른이 어린이가 되기도 하듯 어린이가 어른이 되기도 한다. 아이들은 나이만 어릴 뿐 어른과 똑같은 인격체이자 사람인 것이다. 아이들이 가진 순수함은 돈으로 살 수 없다. 아이들은 세상의 빛이자 보물이다. 보물을 취하려고 해도 안 되고, 욕심을 내어서도 안 된다. 보물은 있는 모습 그대로 그 자리에 머물러 있을 때 아름답게 빛나는 법이다.

꿈을 먹으며 살아가는 피아니스트

어린 시절, 내게 꿈이 있다는 것은 살아 있다는 증거였다. 꿈을 꾸는 것은 돈이 들지 않았으므로 나는 수십 번 수백 번이라도 내가 이루고 싶은 삶, 내가 서고 싶은 자리로 여행을 떠났다. 눈을 감고 내가 바라는 모습을 상상하는 일은 행복한 소비이자 미래를 위한 유익한 투자였다. 꿈을 꾸는 것과 상상하는 능력이 사람에게 주어진 특별한 행운이라 여겼던 나는 공부하기 싫으면 눈을 감고 교단 앞에서 학생들을 가르쳐보았고, 피아노 연습이 잘 안 되면 눈을 감고 병원 응급실의 위급한 상황으로 다녀왔다. 기자가 되어 국회 의사당에서 벌어진 사건을 수첩에 기록했고, 컴퓨터 앞에 앉아서 나만의 논리로 기사를 작성해나갔다.

꿈과 아르바이트, 상상과 현실은 엄연히 다르지만 어쩌면 하나의 연결 고리로 이어져 있을지도 모른다. 지금 내 삶이 그렇다. 나는 기자는 아니지만 나만의 이야기를 쓰는 작가의 길 앞에 서 있다. 신체를 치료하는 의사는 아니지만 보이지 않는 사람의 마음을 위로하고 치료하고픈 소망으로 음악가의 길을 걷고 있다. 학생들을 만나 피아노를 가르치고 삶을 나누는 교사의 길도 걷고 있다.

어디까지가 꿈이고, 어디까지가 현실인지를 결정할 수 있는 사람은 누구인가. 꿈을 이루지 못했지만 취미로 그것을 이어갈 수도 있고, 삶을 유지하기 위해 직업을 선택했다고 해도 그 삶의 한 부분에서는 꿈의 씨앗이 여전히 자라나고 있을지도 모른다.

내가 좋아하는 일, 나와 잘 맞는 일, 어렵지 않은 일만 하면서 살면 좋겠지만 결코 그럴 수 없는 것이 인생이요 세상이다. 하지만 그렇게 만들어가기 위해 노력할 수는 있다. 중요한 것은 자신의 태도다. 아르바이트도 태도에 따라 시간 때우기가 될 수도, 시간 낭비가 될 수도, 배움의 기회가 될 수도 있는기에 그동안 나는 '뭔지는 몰라도 경험해보자', '하나라도 배워가자'라는 능동적인 태도로 주어진 일에 최선을 다했다. 그러자 순간순간에 감사하는 마음을 갖게 되었다.

여러 아르바이트가 진로에 직접적인 영향을 주지는 않았지만 음악과 관련 없는 일을 경험함으로써 내가 피아노를 얼마나 좋아하는지 알았고, 피아노가 없는 곳에서 삶의 이유를 발견할 수 없다는 확신이 생겼다. 더욱이 그 일들은 타인의 삶을 가까이에서 살펴보고 어떤 음악을 만들어야 할지를 발견하게 해주었다. 음악이 일상에, 그리고 사람들에게 어떤 영향을 주는지도 눈으로 볼 수 있었다. 뿐만 아니라 음악가로서 어떤 소신을 지녀야 하는지를 글과 타인의 말이 아닌 경험으로 직접 배웠는데 글보다는 경험이, 타인의 말과 가르침보다는 직접 체험하는 것이 맘속에 오래 남았다.

　이것이 내가 어떠한 일이든 소중히 여기는 이유다. 나는 무슨 일을 하든 하겠다고 결정하기까지 남들보다 오랜 시간이 걸리고 꽤 신중한 편이지만 일단 하겠다고 마음먹고 나면, 무조건 잘해내고 싶고, 후회 없이 최선을 다하겠다는 마음이 끓어 넘친다. 이것은 책임감일까, 완벽주의일까, 인정받고 싶은 욕구일까, 욕심일까. 나도 아직은 잘 몰라서 이유를 찾아가는 중이지만 이런 내 모습이 싫진 않다.

친구가 있어 다행이었어

꿈에 빠져 지내던 10대, 뒤도 돌아보지 않고 꿈을 향해 달렸던 20대. 꿈과 피아노 외에는 아무것도 보이지 않던 그 시절, 내 세상 안에는 온통 피아노뿐이었다. 피아노만 있다면 아무리 혼자여도 외롭지 않았다. 아니, 외로울 틈이 없었다. 그래서 친구를 사귀는 데 에너지를 쏟아본 적도 별로 없다. 피아노만이 나의 친구였으며, 삶의 전선에서 꿈을 좇느라 정신없던 내게는 사치로 느껴졌다.

그런 내게도 몇 명의 친구는 있었고, 되돌아보면 그 친구들 덕분에 힘든 나날을 버텼던 것 같다. 가족과 떨어져 서울에서 학교를 다니면서 피아노와 분투하던 시절에 친구가 없었더라면 지금의 나는 없었을 것이다. 오로지 달릴 줄만 알았지 한 박자 쉬거나 뒤돌아볼 줄 몰랐으니 그대로 살았더라면 결국은 고장나버리지 않았을까 싶다.

그중 내 삶을 가장 빛내준 존재는 대학생 시절 교회에서 한 공동체의 리더를 맡으며 만난 인연이다. 그때 나는 세 명의 임원 친구와 정기적으로 만나 회의도 하고 이야기를 나누었는데, 우린 각자 다른 모습으로 살아가면서도 서로를 응원하고 기도를 아끼지 않았다.

개인 레슨과 학원 강사 일정이 빡빡하게 짜여져 있었고, 남는 시간에는 피아노 연습을 하며 부족한 잠은 버스나 지하철에서 보충하던 내게 사실 리더는 부담스러운 자리였다. 그때 용기를 준 것이 그 친구들이다. 어떤 일을 결정할 때 지나치다 싶을 정도로 깊이 고민하는 모습까지도 품고 이해해주는 고마운 친구들 덕분에 바쁜 중에도 맡은 직책을 잘 감당할 수 있었다.

그들과 1년을 함께하며 잊지 못할 추억도 많이 쌓았다. 하루는 회의 도중 개인 레슨을 하는 학생의 부모에게서 전화가 걸려왔다. "안녕하세요. 선생님 혹시 벌써 출발하셨나요? 다름 아니라 갑작스러운 일정이 생겨서 오늘 레슨이 어려울 것 같아서요." 담담하게 "네 알겠습니다. 오늘은 쉬고 다음 레슨 때 뵙겠습니다"라고 대답은 했지만 계획이 틀어지고 갑자기 생겨버린 빈 시간에 어쩔 줄 몰랐다.

나는 상당히 계획적인 편이다. 공부도 연습도 심지어 여가를 보낼 때도 철저하게 계획을 한다. 그래서 예상치

못하게 일정이 취소되면 삶의 리듬을 잃은 것 같은 기분이 든다. 그날도 갑자기 생긴 비는 시간을 알차게 보낼 방법을 궁리하느라 머릿속이 매우 복잡했다. 그 순간, 통화를 듣고 있던 친구들이 하나같이 회의 노트를 덮고 이렇게 말했다.

"자, 오늘 회의는 끝! 우리 놀자."

"아람이 시간이 빈다니 다 같이 영화 보러 갈까?"

"아람이 레슨 취소를 축하하자."

그러나 내게는 친구들의 이야기가 말도 안 되는 소리로 들렸다. 소중하게 써야 할 낮 시간에 영화라니! 영화는 잠과 돈을 아끼는 조조 영화로 봐야 하루를 알차게 사는 것이라고 여기며 살아온 내겐 너무나 뜻밖의 제안이었다.

나는 친구들의 권유를 마다하고 "괜찮아. 나는 연습하거나 공부하러 갈게"라고 답했다. 친구들은 내 대답에도 개의치 않고 곧장 영화를 예매했다. 어쩔 수 없이 극장에 가며 나는 시간을 잘못 쓰는 것 같은 죄책감과 묘한 긴장감을 느꼈다. 하지만 막상 영화가 시작되자 무거웠던 마음이 한순간에 사라졌다. 갑자기 본 영화와 식사, 계획에 없던 쉼은 생각보다 괜찮았고 즐거웠다. 함께한 사람들이 좋아서였는지, 새로운 경험이 신선하게 다가와서였는지, 영화가 재밌어서였는지 잘은 모르겠지만 그냥 좋았다. 그래서일까 나는 그날 우리가 함께 본 영화 〈셜록〉의 줄거리, 그날 내가 입었던 옷까지 선명하게 기억한다.

얼마 뒤에는 아침 회의 중 레슨이 줄줄이 취소되는 일이 생겼다. 하나도 아니고 여러 개가 한꺼번에 취소되어 텅 비어버린 하루. 하루를 어떻게 채워야 할지 머릿속이 복잡해지고 예상치 못한 시간 여유에 불안이 몰려오던 순간, 세 친구는 또다시 회의 노트를 덮고 나의 레슨 취소를 격하게 축하해주었다.

"아람이 레슨 다 취소되었으니까 오늘 회의도 여기서 끝!"

"아람이에게 긴 시간이 생겼으니 오늘은 바다 보러 가자!"

방학 때도 일만 하느라 여행을 가보지 못한 것을 안 친구들은 나를 위해 그들의 소중한 하루를 내주었다. 솔직히 내 상식에서는 말도 안 되는 행동이었다. 취소가 된 건 온전히 내 일이고 내 몫인데 왜 자신들의 시간과 에너지를 다른 사람을 위해 쓰려고 하지?

이번에도 첫 반응은 "괜찮아"였지만 몸은 이미 경포대로 향하는 차 안에 있었다. 뭔가를 남겨야 하는 하루를 이렇게 써도 되는지에 대한 생각은 미처 정리되지 않았지만 마음은 굉장히 흥분되었고, 서울을 벗어난다는 것만으로도 답답했던 마음이 뻥 뚫리는 듯했다. 그날 우리는 휴게소에 들러 맛있는 것도 사 먹고, 함께 바다도 보고, 조개 구이도 먹으며 즐거운 하루를 보낸 뒤 각자의 삶으로 돌아갔다. 반드시 계획적으로 살아야 한다는 테두리 안에 갇혀 지내고, 하루를 생산적인 활동으로 꽉 채워 보내야 한다는 강박증에 사로잡혀 지내던 내게 친구들은 여유를 선물해주었다.

시간이 지난 뒤 들은 말이지만, 친구들 눈에 그때의 나는 너무 지치고 금방이라도 부러질 것 같아 보였다고 했다. 조금 더 유연하게 즐기면서 살기를 응원해주었던 친구들. 친구들은 나에게 바라는 것이 아무것도 없었다. 보답을 강요하지도 않았고 속으로는 안타까워했을지라도 겉으로는 어떠한 내색도 하지 않았다. 판단하거나 가르치지도 않았다. 그들은 관계 안에서 진정한 자유를 경험하게 해주었고 공동체 안에서 누리는 안전함을 느끼게 해준 선생님이다. 무엇이든 솔직하게 대화했고, 대화와 언어에 감정이 섞이지 않았으며 다른 생각을 표현해도 인정해주었던 진실한 관계. 내게 세 친구와 맺은 우정은 이전에도 없었고 앞으로도 만나기 어려울 인연으로 기억될 것이다. 그 시절 친구들 덕분에 나는 바쁜 시대에 마음을 나누고 추억을 공유한다는 것이 얼마나 값지고 감사한 일인지를 깨달았다.

나를 빚는 토기장이가 되어

많은 경험을 하며 스물여섯을 맞은 나는 여전히 어떻게 해야 나를 알리고 나만의 무대에 설 수 있을지를 매일같이 고민했다. 하지만 이제 갓 대학을 졸업해서 아무 경력이 없는 무명의 연주자가 무대에 설 기회는 돈을 내지 않는 이상 없었다. 내가 그리던 꿈의 장면은 명확했다. 세상에서 '문아람'이란 이름이 불리고, 나의 가치를 알아본 공연 기획자들이 나를 무대에 초대하는 것, 내가 공연한다고 하면 한 명이라도 자발적으로 찾아와주는 것, 그것이 전부였다. 그 일이 말처럼 쉬운 것이었더라면 얼마나 좋았을까. 글로 표현하면 몇 문장으로 정리되지만 그 장면을 현실에서 재연하기 위해서는 끊임없이 나 자신을 점검하고, 도전하고, 내려놓는 과정이 필요했다. 당시의 나는 대단한 경력도, 훌륭한 음반도 없었으며 이목을 집중시킬 만큼의 재능도 없는 평범한 청년에 불과했기 때문이다. 그래서 더 해내고 싶었고 더 보여주고 싶었다.

나와 비슷한 상황에서 꿈을 꾸는 누군가에게 용기를 주고 싶었다.

나는 우선 책상 위에 하얀색 종이를 펼치고 펜을 들었다. 잘하는 것은 없더라도 할 수 있는 것들을 빠짐없이 적어나갔다. 할 수 있는 것을 쓰고 나서는 좋아하는 것을 적었다.

나는 피아노를 칠 수 있고, 말을 할 수 있고, 곡을 쓸 수 있고, 낯선 사람과 대화를 할 수 있고, 생각을 말과 글, 음악으로 표현할 수 있는 사람이다. 나는 무대를 좋아하고, 사람을 좋아하고, 대화를 좋아하고, 말하는 것을 좋아하고, 들어주는 것을 좋아하고, 새로운 곳을 경험하는 것을 좋아하고, 기획하는 것을 좋아하고, 책을 좋아하고, 서점에 가는 것을 좋아하고, 배우는 것을 좋아하는 사람이다.

이어서 부족한 부분과 단점도 기록했다.

나는 흥분하면 말이 빨라지고, 된소리 발음이 세고, 완벽주의자적인 면이 있어서 완전하게 준비되지 않으면 시작하는 데까지 시간이 많이 걸리고, 사람들의 시선을 의식하는 편이다.

그다음은 간단했다. 부족한 점들은 매일 기억하고 의식하면서 하나씩 고쳐나가려고 노력하고, 좋아하는 것과 할 수 있는 일을 똘똘 뭉쳐 가치 있게 빚어보는 것. 그렇게 나를 빚는 토기장이가 되어 기회를 찾고 두드렸다.

어떤 길을 걷게 될지는 모르겠지만 문아람이라는 이름이 알려져야 대중이 나를 기억할 것이고, 대중이 나를 알아야 무대가 나를 찾을 것이라고 생각했다. 하지만 피아노를 연습하고, 학교에서 공부하고, 아이들을 가르치거나 아르바이트한 경험만 있는 나로서는 뾰족한 방법을 알 리가 없었다. 그렇기에 일단은 무엇이든지 겪어보기로 마음먹었다. 경험을 해봐야 나랑 잘 맞는지, 내가 잘할 수 있는지, 그 일을 할 때 즐거운지 알 수 있을 테니까.

인생은 직접 부딪쳐보는 거야!

나는 인생은 서른 살부터라고 생각하며 살아왔기에 20대에는 어떤 일이 닥쳐도 두 팔 벌려 환영했다. '어서 와, 내가 마음껏 겪어줄게'라고 외치면서 어떤 경험이든 즐거이 받아들였다. 힘들어도 나중에 비슷한 상황이 생겼을 때 꺼내볼 수 있는 경험들이 많아진다고 생각하면 행복했고, 지금 반성하고 고쳐나가면 조금 더 좋은 어른이 될 수 있을 것만 같았다. 그렇기에 도전하고 꿈으로 향해 열려 있는 문을 마음껏 두드렸다.

두드림의 시작은 검색이었다. 지금 당장 쉽고 빠르게 할 수 있는 것을 찾았다. 너무 거창하게 시작하려 들면 오히려 아무것도 하지 못하지만 곧바로 손에 잡히는 것부터 해나가다 보면 다음 두드림으로 이어질 수 있다고 믿었다. 학생들을 가르치고 집으로 돌아오면 매일 밤 컴퓨터로 피아노가 있는 카페, 병원, 빌딩, 경로당 연주, 공공기관 연주 등을 검색해 상호명, 전화번호, 주소를 꼼꼼하게 기록하며 내가 설 수 있는 무대가 있는지를 곰곰 따져보았다.

그런 다음 그곳들을 발로 찾아다니며 상황이나 분위기를 내 눈으로 파악했다. 한두 달에 한 번이어도 감사하니 정기적으로 연주만 할 수 있는 곳을 찾던 나로서는 직접 가보는 것 말고는 다른 방법이 없었다. 피아노 카페에 가서 피아노를 쳐본 다음 사장님을 뵐 수 있는지 직원에게 묻기도 했고, 만나지 못했을 때는 휴대전화 번호를 남기고 돌아와 연락을 기다리기도 했다. 피아노가 설치되어 있는 병원도 찾았는데 막상 가보면 연주 대기자가 많아 내게까지 기회가 주어지지 않는 경우가 대부분이었다.

그때 돌아본 곳 중 가장 기억에 남는 장소는 피아노가 놓인 서울의 한 빌딩이었다. '문아람'이란 이름과 그 이름을 걸고 하는 음악에 영향력이 생긴다면 꼭 연주하고 싶었던 곳이 수많은 회사와 관공서, 소방서 등이었다. 나라를 위해 수고하는 분들이 있는 곳이어서일까. 뛰어난 연주는 아니더라도 누구보다 진심을 가득 담을 수 있다는 자신감이 샘솟았고, 그 시작이 그곳이 되기를 바랐다. 당찬 포부로 들어간 빌딩의 1층에는 카페가 있었고 카페와 회전문 사이에 멋진 그랜드 피아노가 놓여 있었다. 카페에서 커피를 주문하고 피아노와 가장 가까운 자리에 앉은 나는 피아노만 뚫어지게 쳐다보면서 세 가지 생각을 곱씹었다. '저 피아노에서는 도대체 어떤 사람이 무슨 곡을 연주할까?' '저렇게 좋은 피아노를 로비에 덩그러니 두다니 너무 외롭겠다. 기회만 준다면 피아노와 금방 친해지고 이곳에서 일하는 사람들의 기분을 좋게 해줄 수 있는데.' 그리고 마지막은 '내가 연주하려면 어떻게 해야 할까'에 대한 고민이었다.

이런저런 상상의 나래를 펴며 커피를 다 마셔갈 때쯤 점심시간이 되었고 어떤 남자분이 피아노 의자에 앉았다! 꼭 내가 연주를 앞둔 것처럼 가슴이 두근거렸다. 어떤 곡을 연주할지도 궁금했지만, 무엇보다 궁금한 건 주변 사람들의 반응이었다. '연주를 듣고 어떤 생각을 할까? 몇 사람이나 멈춰서 연주를 듣고 갈까?' 이뿐이 아니었다. 연주자는 어떤 쇼맨십을 발휘하고, 어떤 매너를 보여줄까? 서울 한복판에 있는 이렇게나 큰 빌딩 로비에서 어떤 영화 같은 장면이 펼쳐질까? 연주자가 손가락을 푸는 짧은 시간 동안 내 머릿속에서는 아주 많은 생각과 질문이 스쳤다.

그러나 연주가 시작되어도 아무 일도 일어나지 않았

다. 커피를 마시던 사람들은 커피를 먹었고, 엘리베이터로 향하던 사람들은 갈길을 갔으며, 식사를 하러 나가던 사람들 또한 눈길조차 주지 않고 회전문을 돌아나갔다. 심지어 카페에서 틀어놓은 음악과 피아노 연주 소리가 섞이기까지 했다. 내 예상과 달리 발걸음을 멈춰 듣는 관객은 한 명도 없었다. 연주를 마친 피아니스트는 피아노 뚜껑을 닫고 바리케이드를 치고는 홀연히 그 자리를 떠났다. 단 한 명과의 소통도 없었으며, 박수나 반응이 전혀 없는 연주였는데도 모두가 그 상황이 익숙한 듯했다. 너무나 충격적이었다.

나는 마음을 가다듬고 잠시 동안 내가 보고 느낀 것들을 다이어리에 적으면서 내가 연주자라면 이런 곳에서는 어떤 곡을 연주하고, 어떤 말을 하면 좋을지를 기록했다. 원래는 연주만 듣고 돌아갈 생각이었다. 그런데 다이어리를 접고 나자 처음 느껴보는 이상한 자신감이 생겨 경비원에게 성큼성큼 다가갔다. '물어보는 건 나쁜 게 아니니까 물어만 보자. 안 되도 괜찮으니까 말이나 꺼내보자' 하는 심정으로 쿵쿵거리는 심장 소리를 애써 감춘 채 인사를 드렸다. "안녕하세요. 저는 피아노를 전공한 사람인데요. 저기에 있는 피아노 한 번만 쳐봐도 될까요? 아니면 피아노 연주에 지원하거나 심사를 받을 수 있을까요? 담당자를 한 번만 만나게 해주세요?" 부끄러움을 무릅쓰고 물어본다는 것 자체에 의미를 두고 한 질문이었지만 모두 불가능하니 돌아가라는 대답만이 돌아올 뿐이었다.

아무 소득도 얻지 못한 채 회전문을 지나 빌딩을 나오는데 들어갈 때와 나올 때의 공기가 어찌 그리 다른지 마치 딴 세상을 다녀온 기분이었다. 실망한 것은 아니었다. 경비원에게 묻는 것이 그 순간의 목표이자 작은 꿈이었으므로 결과는 중요하지 않았다. 목표로 했던 행동을 실천해 옮긴 나는 연주라는 결과보다 더 큰 선물인 자신감을 얻었고, 나만의 걸음을 한 발 내딛고 아주 작은 전진을 한 것으로 만족했다.

연주 현장을 눈으로 직접 보니, 나라면 어떻게 연주할 것인가에 대한 구체적이고 현실적인 답을 내리기가 한결 편해졌다. '빌딩 로비에서는 어떤 곡을 연주하면 좋을까? 원곡보다 더 화려하게 편곡하면 사람들이 잠시라도 귀를 기울이며 에너지를 전달받지 않을까? 직장인들은 어떤 말을 들으면 힘이 날까?' 등 현장에서 느끼고 배운 것을 꼼꼼히 적어둔 그날의 간접 경험은 내게 큰 재산이 되었다.

  자신감에는 막연한 두근거림과 출처를 알 수 없는 떨림으로 인한 공포와 불안감을 설렘으로 바꿔주는 힘이 있다. 지금 생각해보면 그 시절의 나는 참 무모했고, 뻔뻔했고, 대단했다. 도대체 무슨 자신감으로 낯선 곳들을 찾아다니고며 명함을 내밀고, 연주시켜달라는 말을 꺼냈을까. 한 가지 확실한 것은 결과는 크게 상관이 없었다는 사실이다. 다른 말로 하면, 그때 당연히 안 될 것이라고 생각했다. 그럼에도 불구하고 도전했고, 용기를 냈고, 반드시 꿈을 이뤄 그곳에 연주자로 초대받겠노라는 포부를 품었다.

  또래들처럼 대학원에 진학하거나 취직하거나 전문적으로 학생들을 가르치지 않았기에 멈춰지고 뒤처진 삶이라는 말을 듣기도 했지만 나에게 그런 말은 조언이 아닌 포장된 간섭일 뿐이었다. 나를 포기시키고 내 삶을 비판하는 말들로 내 신념과 행동을 바꾸면 결과에 대해 후회할 일이 생기거나 실패했을 때 감사하고 행복할 수가 없다. 감사하기 전에 누군가를 탓하게 될 것이고, 마음을 지켜내지 못한 나를 자책할 것이므로. 그래서 나는 응원과 조언은 마음으로 감사하되, 내가 나를 믿어주기로 했다. 그 길에서 나와 피아노 외에는 쳐다보지 않기로 했다. 무엇보다 어차피 누군가 대신 살아줄 수 없는 인생이기에.

경험과 실패를 반복하며 나는 오히려 신념을 굳건히 했다. 힘이 들거나 지치면 늘 그랬듯 감사를 찾아냈다. 실수하게 되면 "30대에 실수하는 것보다 낫지. 앞으로 큰 사람이 되려면 이것도 공부야", "나중에 더 큰 실수를 하지 말라고 하늘에서 예방 주사를 놓아주시는구나", "갓 졸업한 학생이고, 아직 청년이니 용서를 구하면 조금은 이해해주실 거야", "나는 젊다"와 같은 말로 스스로를 위로하며 주어진 상황에 감사했다. 외길을 걸어가며 홀로 그 길을 개척해보기로 마음먹은 뒤부터 나와 가장 친한 친구는 나 자신이 되었고, 나의 위로자, 응원군도 내가 되었으며, 나를 꾸짖는 선생님도 내가 되었던 것 같다.

거리의 피아니스트

이곳저곳을 돌아본 뒤 갖추어진 공간에서 연주할 수 없다는 것을 깨달은 나는 미련을 버리고 스스로 새로운 길을 모색해나갔다. 아마 두 발로 뛰어다녀보지 않았다면 가만히 앉아서 신세만 한탄하거나 근거 없는 확신이나 자신감으로 언젠가 연주할 날이 올 거라며 하염없이 기다렸을 것이다.

꿈은 행동으로 연결된다. 꿈은 가만히 앉아서 상상만 한다고 이루어지는 것이 아니므로 말이 안 되거나 작고 사소해도 일단 실천에 옮겨야 한다. 조언을 구할 수는 있지만 이 세상에 나와 똑같은 사람은 없기에 그 말을 전적으로 따라서도 안 된다. 직접 겪어보지 않고는 어떤 길이 열릴지 알 수 없는 것이다. 작은 행동과 작은 실수들이 낳은 장면이 다음 장면과 연결되면서 꿈길을 이어나가는 과정과 그 결과는 꿈꾸는 자를 단단하게 만들어준다.

빌딩에서의 피아노 연주를 거절당한 날부터 나는 인터

넷 검색으로 피아노 거리 공연에 대한 정보를 샅샅이 조사해나갔다. 밤을 새워가면서 피아노 연주자들의 영상과 그들이 어떻게 공연하게 되었는지도 찾아보았는데 대부분이 전자 피아노 공연이었고 어쿠스틱 피아노는 찾아보기 어려웠다. 그러다 '달려라 피아노'라는 단체를 알게 되었다. 사용하지 않는 피아노를 기증받아 예쁘게 칠한 뒤, 거리나 공원에 설치해두었다가 필요한 곳에 전달하는 기관이었다.

모든 시기가 맞아떨어진 걸까. 찾는 자는 발견하고, 두드리는 자에게 열릴 것이라는 말이 있듯, 마침 달려라 피아노 팀에서 일주일 동안 신촌에 피아노 열 대를 설치하는 프로젝트를 준비하고 있었다. 프로젝트 참여가 확정이 된 것은 아니었지만 이상하게도 그동안 많은 거절을 당한 것이 이번 기회를 위해서라는 생각이 들었다. 나는 기쁜 마음으로 연주자 신청을 했고 연주 시간을 배정받는 기회를 얻었다!

얼마나 간절히 바라온 순간이었던가. 나는 소중하게 얻은 이 기회를 잘 활용하고, 무엇보다 정성을 다하고 싶은 마음으로 연주는 물론이고 그 외에도 사람들의 발길을 멈추게 할 무언가가 있을지를 고민했다.

'야외 무대이니 기존의 피아노 연주회와는 달라. 소음 속에서도 귀를 사로잡을 연주곡이 뭐가 있을까?'

'이건 피아노 연주회가 아니라 공연이야. 내게 주어진 한 시간을 멋진 공연으로 꾸미기 위해서는 다른 무언가가 필요해. 그게 뭘까? 뭘 할 수 있을까?'

'대화를 하자! 공연을 소개하지 말고, 공연에 대해 대화를 나누자.'

'눈을 마주치자.'

'재미를 드리자.'

'유명한 곡들을 신촌 거리 분위기에 맞춰 멋있고 화려하게 편곡해보자.'

이런 생각을 하다 보니 내가 연주할 장소와 연주 환경, 연주를 들을 사람들에 대한 이해가 가장 중요하다는 사실을 알게 되었다.

나는 고민이 생기면 계속 머릿속으로 생각하고 메모한다. 24시간 중 잠자는 시간과 레슨 시간을 제외하고는. 하루 종일 그 생각만 한다. 정답을 찾으려 애쓴다기보다, 나도 모르게 생각이 꼬리에 꼬리를 물면서 질문이 확장된다. 그렇게 머릿속에 질문을 품고 있으면 내가 머무는 장소가 바뀌고 다른 사람을 만날 때마다 새로운 아이디

어가 떠오른다.

  신촌에서의 연주를 앞두고도 그랬다. 많은 고민을 하며 하루하루 착실히 준비한 끝에 드디어 한 시간 남짓의 연주를 하게 된 첫날이었다. 나는 스케치북에 크레파스로 나를 소개하는 글을 써서 피아노에 붙였다. 그리고 지인에게 부탁해 조명과 카메라를 설치해 첫 공연을 영상으로 남겼다.

  연주는 꽤 성공적이었다. 낯선 행인들이 기꺼이 관객이 되어주었고, 우리는 같은 공간, 같은 시간 속에서 음악으로 대화했다. 청바지에 흰 티 하나 입고 운동화를 신은 청년의 이야기에 귀를 기울이고 눈을 맞춰주는 관객이 있던 그날의 연주는 잊지 못할 기억으로 남았다. 하늘색 피아노와 함께 신촌에서의 첫 연주를 마친 날, 내 가슴은 첫사랑을 이룬 것처럼 두근거렸고 막 태어난 것처럼 모든 것이 신기했으며 사막에서 오아시스를 발견한 것처럼 가슴속이 시원했다. 늘 보아오던 서울 하늘이 유난히 높고 맑게 느껴졌고, 잠시 시간이 멈춘 것만 같았다. 처음 느껴보는 즐거움 속에서 약속했던 두 번의 연주가 끝났고 거리에 전시되었던 피아노도 기증될 장소로 옮겨졌다. 하지만 며칠이 지나도 그날의 흥분과 감동이 잊히지가 않았고 그 일을 계속하고 싶은 마음이 굴뚝같았다. 마치 거리와 사랑에 빠진 사람 같았다. 결국 나는 달려라 피아노 기획자에게 연락해 간절한 마음을 털어놓았다.

"그날 연주를 하며 정말로 좋았고 더 하고 싶은데 방법이 없을까요?"

"안 됩니다. 어렵습니다"라는 대답을 워낙 많이 들어서 면역이 생긴 터라 거절에 대한 두려움은 없었지만 이번만큼은 다른 때와 달리 무척이나 간절한 맘이었다. 다행히도 돌아온 대답은 긍정적이고 구체적이었고, 기대 이상이었다.

"아람 씨, 신촌역 3번 출구로 나가면 홍익문고가 있는데, 우리가 열 대의 피아노 중 한 대를 그 서점에 기증하기로 했어요. 서점 대표님이 관리도 해주기로 했으니까 한번 찾아가볼래요?"

나는 거듭 감사 인사를 하고 흥분된 마음으로 홍익문고를 찾아갔다. 대표님은 내게 토요일마다 거리 공연을 하려고 하니 시간을 정해서 연주해보면 어떻겠느냐고 말씀하셨다. 너무 쉽게 기회가 주어진 것 같아 얼떨떨하면서도 그동안의 수고를 다독여주는 결과를 얻은 것만 같아 기쁨을 숨길 수 없었다.

헛된 경험은 없다

 매주 토요일 저녁 8시, 신촌역 3번 출구 홍익문고 앞. 드디어 내게도 정기 공연할 수 있는 무대가 생겼다. 이제 내가 해야 할 일은 무엇을, 어떻게 연주할지를 고민하는 것이었다. 경험도 없고, 참고할 책도 없었기에 조금은 막막했지만 우선 가장 자신할 수 있는 곡들을 연습해서 거리로 나갔다.

 공연 첫날의 두근거림이 아직도 생생하다. 연주에 대한 기대와 설렘 때문이기도 했지만 해보지 않은 경험에 대한 두려움, 새로운 도전에 대한 걱정, 앞으로 펼쳐질 일에 대한 염려도 한몫을 했다. 공연 장소에 도착해 막상 현장을 마주하니 피아노보다 주변 환경에 더 신경이 쓰였다. 피아노 뒤로 바쁘게 오가는 사람들, 상가 음악 소리, 자동차와 버스 경적의 존재감이 커지면서 한동안 피아노에 다가가지 못한 채 우두커니 서 있기만 했다. '내가 피아노에 앉는 순간 사람들이 쳐다보며 피아니스트인가 생각하겠지? 연주를 하면 기대하는 맘으로 듣겠지? 그러다 연주를 잘 못 하면 실망하고 이내 발걸음을 옮기겠지? 그 모습에 나는 자신감을 잃겠지?' 그날 호흡을 맞출 피아노를 바라보며 오만가지 생각이 피어났다.

생각이 많아서 상황이 해결되면 그것이 긍정적인 영향을 미치겠지만 대부분은 내가 두렵게 느끼는 상황들을 나열한 것이기에 나아질 것은 아무것도 없었다. 나는 일단 복잡한 생각들은 접어두고 용기를 내 피아노에 앉아 연주를 시작했다. 그런데 연주를 하면 할수록 열이 나는 것처럼 온몸이 뜨거워지면서 점점 나 자신이 작아지는 기분이 들었다. 생각이 많아지니까 연주에 자신도 없었고 말할 때도 잔뜩 주눅이 들었다. 가장 큰 문제는 시계를 계속 보게 된다는 것이었다. 나부터 그 시간을 즐기지 못하고 있었던 것이다. 그래서였을까. 한 곡을 마친 뒤 인사하려고 뒤돌아보면 아무도 없기 일쑤였고 듣다가 걸음을 옮기는 사람도 많았다.

두 번, 세 번, 공연이 계속될수록 점점 내게 주어진 60분을 채우기가 버거워지면서 준비가 안 된 상태에서 덜컥 시작한 것은 아닌지 무척 고민이 되었다. 잘해야 한다는 강박관념과 사람들을 지나치게 의식한 탓에 나는 사라지고, 유명 연주자들의 곡을 흉내 내기에 급급했던 내 연주는 맞지 않은 옷을 입은 것처럼 부자연스러웠다. 그러다 보니 팔과 어깨에 무리가 가서 수시로 물리 치료를 받았다. 일단 공연만 하면 다 잘 해낼 줄 알았는데 모든 것이 다시 원점으로 돌아간 것 같은 기분이 들었다.

  그렇지만 그 자리가 어떻게 얻은 기회였던가. 이대로 날려버릴 수는 없는 일이었다. 나는 다시 마음을 다잡았다. 겪어보고 부딪쳐봐야 부족한 점도 알게 되고, 해결하고 연구해야 할 숙제를 발견하는 법. 나는 그것을 하나씩 해결해가기로 결심했다. 그리고 결국 알게 되었다. 또다시 출발선으로 돌아온 것이 아니라 인생은 늘 새로운 출발이라는 것을. 내가 부족해서 뒷걸음질하는 것이 아니라, 나는 늘 전진하고 있으며 그 길에서 새로운 출발을 만나는 것뿐이라는 것을. 상황에 따라 속도가 다를 뿐 방향이 바르고 내 마음이 건강하다면 느리더라도 앞으로 가고 있다는 것을. 순서와 등수에 집착하지 않는다면 잠시 멈추거나 제자리걸음을 하면서 갖는 마음의 여유가 나를 목적지까지 데려다줄 것이라는 것을. 멈추었다고 실패가 아니다. 뛰다 보면 물을 마시기도 하고, 주변을 돌아볼 수도 있고, 속도와 밸런스를 조절하기도 하니까.

매번 출발선 앞에 서면서 나는 내 모습을 객관적으로 살폈다. 내 연주곡들은 설득력이 부족했고 다양하지 못했다. 또한 사람들의 시선을 끌고 싶다는 욕심이 앞서 나와 어울리지 않는 힘이 잔뜩 들어간 곡들을 연주해서 팔이 아픈 적도 많았다. 무대 위에서 혼자 신이 나 내뱉는 말은 두서도 없고 속사포처럼 무척이나 빨랐다.

연주하고 고민하고 성장을 모색하는 사이 어느덧 겨울이 찾아왔고, 거리의 특성상 날씨가 추워지면 공연을 할 수 없었다. 정기 공연을 잠시 멈추고 다음 해를 기다리던 그 겨울은 태어나서 처음으로 나의 음악과 연주, 아티스트 문아람에 대해 진지하게 생각해보게 된 시간이었다. 그 시간 동안 나는 인생 최고의 공부를 했고, 거리 공연을 치르며 남겨진 수많은 숙제는 지금의 문아람을 있게 한 큰 가르침이 되었다. 역시 헛된 경험은 없다. 몸으로 부딪치고 현장을 경험하면 하나라도 남게 돼 있다. 남는 것이 좋은 결과이든, 실패이든, 실패로 인한 부족함의 발견이든, 물음표든지 삶을 성장시키는 밑알이 된다.

나는 집이나 카페, 혹은 버스나 지하철 안에서, 심지어는 걸으면서도 머릿속에 가득한 물음표들을 틈틈이 노트를 꺼냈다. 걷다가 머릿속에 생각이 떠오르면 가던 길을 멈추고 계단에 앉아 메모했다. 괜찮은 것 같았던 생각이 나중에 다시 읽어보면 그저 그럴 때도 많지만, 잠깐의 생각에 사로잡히는 기분이 좋았다. 생각에 반응하고 그것을 기록으로 남기는 순간이 참 좋았다.

거리 공연 초반에는 온통 '사람들을 사로잡을 수 있는 공연'에 대한 고민이 가득했다. 아직 알려진 연주자가 아니었기에 사람들이 내게 기대하는 것은 없었지만 그럼에도 불구하고 뒷모습만 보이는 연주자의 연주를 듣게 하려면 매력적인 무언가가 필요하다는 것이 그때의 내 생각이었다.

그때까지 '인간 문아람'은 여러 경험을 통해 훈련받고 인생 공부를 했을지 몰라도, '아티스트 문아람'은 아니었다. 나는 부족함투성이었고 연주자로 사람들 앞에 서려면 또 다른 훈련이 필요했다. 연주의 목적이 나만의 행복을 위해서라면 굳이 무대에 오를 필요가 없고, 연습실에서 혼자 연주하면 되었다. 하지만 내가 원하던 건 외로운 연주자 문아람이 아니었다. 그렇기에 무대와 정기적인 공연을 찾아다녔던 이유에 대해서도 다시 생각했다. 많은 관객과 마음을 나누고 대화하려면 우선 사람들의 발걸음을 멈추게 하는 문아람만의 것을 갈고닦아야 했다.

그 뒤로는 인기가 많은 버스킹 연주자들의 모습을 흉내 내지 않고 나만이 칠 수 있는 곡, 내 색깔이 잘 드러나는 연주곡들을 찾았다. 최고로 잘하지는 못해도 개성 있게 연주한다면 내 연주를 들어줄 것이라는 확신도 들었다. '거리의 특성상 다양한 소리 속에서 연주해야 하므로 너무 잔잔한 곡보다는 빠른 박자의 곡이 더 좋을 거야. 하지만 힘으로 밀어붙이는 것은 몸을 상하게 한다는 경험을 했으니 제외시키자. 클래식을 전공했으니 클래식 연주를 기반으로 하되, 거리에서 재미있게 들려줄 수 있는 곡을 찾아보자.'

곡 선정 다음으로는 내 연주에 힘을 실어줄 피아노가 중요했다. 늘 실외에 노출되어 있었기에 우리가 느끼는 계절감을 피아노도 느낄 터였다. 아무래도 실내에서 보관되는 피아노보다는 상처가 많을 테고. 이런 악조건 속에서도 맑고 명랑하고 예쁜 소리를 내려면 두 배, 세 배, 더욱더 치열하게 연습을 해야 했다.

마지막으로 아빠가 내 과제 목록에 한 가지를 추가하셨다.

"아람아, 네가 가장 노력해야 할 부분이 있단다. 평소 입안에 왕사탕을 물고 말하는 연습을 해야겠다. 말이 빠른 정도가 아니라 알아듣기가 힘들 지경이고 듣는 우리도 숨이 가빠서 네가 하고 싶은 말이 무엇인지 전혀 알 수가 없구나."

그때도 지금도 엄마 아빠는 나에게 최고의 선생님이다.

거리에서 느끼고 배우고

거리 공연을 거듭하면서 해마다 찾아오는 긴 겨울은 내게 '연구의 시간'이자 '내가 나를 가르치는 시간'이었다. 그 시간 동안 나는 무대에서 배우는 것과는 차원이 다른 가르침을 많이 얻었다. 그것은 학교나 책에서는 배울 수 없는 것이었는데, 내 안의 물음표를 느낌표로 바꾸고 마침표를 찍는 과정을 반복하면서 나만의 지침서와 교재가 생겼다. 사실 거리 공연을 하기 전까지 나는 내 음악에 대해 깊이 고민해본 적이 없었다. 아니, 어쩌면 고민할 이유를 찾지 못했던 것일지도 모른다. 시험을 쳐야 하니까, 입학을 해야 하니까, 가르쳐야 하니까 등의 음악 외적인 목적만 가득했지, 음악 안에 들어가서 고민을 하지는 않았다. 그러나 거리 공연을 시작하면서 나는 천천히 음악 안으로 들어갔다. 그동안의 연습과 연주는 입시와 시험, 콩쿠르에서 그저 높은 성적을 얻기 위한 것이었다. 하지만 성적을 위한 연습과 연주는 사람을 목적으로

하는 연주와 달랐다. 진짜 내가 잘하고 즐기면서 연주할 수 있는 음악, 사람의 마음을 움직이는 선율은 따로 있다는 확신이 들었다.

 이것은 비단 음악에만 해당되는 말이 아니다. 똑똑하고 어려운 단어를 사용하면서 조리 있게 말한다고 해서 상대의 마음을 움직일 수 있는 것이 아니지 않는가. 조금 어설퍼도, 어려운 단어가 아니어도, 마음을 울리고 감동을 주는 말이 있다. 그런 말을 하는 사람이 있다. '말의 힘' 영역이 아닌 '마음의 울림' 영역에서.

 거리 공연에서는 많은 청중과 공감할 수 있는 귀에 익숙한 음악을 연주하는 것이 좋다. 나는 여러 매체를 통해 사람들이 좋아하는 음악, 특히 음악을 전공하지 않은 이들도 즐기고 위로를 얻을 수 있는 곡을 조사했다. 대중의 입장에서 음악을 살펴보자 그동안 내가 몰랐던 곡이 얼마나 많았는지를 새삼 알게 되었다. 그중 내 마음에 와 닿는 곡들을 오선지에 하나씩 채보(음악을 듣고 그대로 악보에 받아 적는 일)했다. 이렇게 하면 작곡가의 입장에서 곡을 깊이 있게 바라볼 수 있을 것 같았고, 채보가 익숙해져야 나만의 편곡이 가능하다고 생각했다. 시간은 조금 오래 걸렸지만 채보만큼 큰 공부가 없었다. 한 마디

한 마디 악보를 그리려면 같은 부분을 수없이 반복해서 들어야 했는데 그러면서 악보를 분석하는 능력도 길러졌던 것이다.

그 과정에서 모차르트의 〈터키 행진곡〉을 편곡한 터키의 피아니스트 파질 세이Fazil Say의 연주와 미국의 유명 연주가 카일 랜드리Kyle Landry가 편곡한 〈인생의 회전목마〉(〈하울의 움직이는 성〉 삽입곡)를 듣게 되었다. 거리 공연을 위해서는 누군가의 귀를 사로잡을 수 있는, 익숙하면서도 평범하지 않은 편곡이 필요한데 이 두 곡은 원곡의 가치가 지켜지면서도 매력은 한층 짙어진 훌륭한 편곡 작품이었다. 나는 겨울 내내 이 두곡들을 나만의 스타일로 만드는 연습을 했다.

대화를 해야 상대방에 대해 잘 알 수 있듯 음악도 많이 듣고 연습해야 더 가까워질 수 있다. 피아노 앞에서 연습하고, 책상 앞에서 채보하고, 길을 걸으면서 들었던 음악은 점점 더 일상 속으로 깊이 들어왔고 눈과 귀를 넘어 심장을 파고들기 시작했다. 내가 느낀 것들을 어떻게 말로 전할지 매일 거울 앞에서 중얼거렸고 진짜 공연을 하는 것처럼 일상 속에서도 수시로 모의 진행을 했다.

설거지를 하면서도 머리를 말리면서도 밥을 하면서도

청소를 하면서도 중얼중얼…. 나는 하루 종일 공연하는 상상을 하면서 틈만 나면 혼잣말을 했다. 무대에서 할 말을 일상에서 중얼거리고, 매일 틈나는 대로 상상하고 말하다 보니 내게는 일상이 무대이자 무대가 일상이 되었다. 무대는 공포를 주는 공간이 아니라 그저 일상의 연장선일 뿐이었다. 늘 하던 말을 공간만 바꿔서 하는 거라 여겼던 나는 어느새 언어로 무대에 생기와 생명력을 더할 수 있었다. 이제는 공연하다 보면 주최 측 혹은 관객에게 "말을 참 잘하세요"라는 말을 많이 듣는다. 어렸을 때 내성적이었던 성격을 생각하면 타고난 것이 아닌 노력의 결과인데 혼잣말이 정말 큰 공부가 된 듯하다.

무대와 일상을 일치시키는 삶은 나에게 큰 변화를 가져왔다. 평소 사용하는 언어가 무대에서 툭 습관적으로 나올 수 있으므로 말을 조심하게 되었고, 내 말이 누군가에게 어떤 영향을 끼치게 될지 모르니 더 신중해졌다. 그리고 타인의 말을 살펴서 들었다. 어떤 말이 힘이 있고, 어떤 말들이 가볍게 들리는지, 어떤 이유로 그 말이 상처를 주는지…. 언어에 예민할 수만 있다면 더 예민해지고 싶기에 문장에서 구로, 구에서 단어로 파고들어갔다.

나는 어렸을 때부터 '꿈을 그리는 사람은 그 꿈을 닮아

간다'는 말을 좋아했다. 이 문장을 책상과 피아노, 악보와 다이어리 첫 장 등 보이는 곳곳마다 써두었다. 꿈이라는 단어 때문이기도 했지만 그 문장이 주는 향기와 온기가 좋아서였다. 꿈을 반드시 이루어야 한다는 스스로에 대한 압박도, 타인의 강압도 없었던 내게 '꿈을 그린다는 표현'은 꿈을 위해 달려가는 과정에서 나를 부드럽게 다독여주는 듯했다. 또 '꿈을 닮아간다'는 표현은 반드시 똑같이 이루지 않아도 된다는 마음을 갖게 하면서 나를 편안하게 해주었다. 그 문장은 그렇게 내 마음속에 잔잔한 희망을 주었다. 나는 이것을 혼잣말로 되뇌며 무대 위에 오르는 꿈을 그려나갔으며, 일상을 닮은 꿈은 무대에서 단정하고 단단하게 펼쳐졌다.

내가 느끼는 것이 곧 말이고, 내가 말하는 것이 곧 음악이기에 내 안에 좋은 이야기를 쌓아가고 선한 마음을 품으려는 노력도 잊지 않았다. 책으로 간접 경험을 하며 여러 가지 감성들까지 차곡차곡 쌓아갔다.

이렇듯 공연 준비로 바쁜 겨울을 보낸 뒤 봄을 맞았고 두 번째 거리 여행이 시작되었다. 크게 변한 것은 없었다. 피아노도 거리도 상황들도 똑같았고, 사람들의 시선도, 내 모습도 전과 같았다. 다만 한 가지, 가장 크게 변한 것은 공연할 때의 내 태도였다.

  첫해에는 준비된 객석도 관객도 없는 거리에서 연주하는 게 부담되고 외롭기도 했지만 두 번째 해부터는 단 한 사람에게라도 즐거움과 위로를 전할 수 있다면 그것만으로도 감사하다는 마음으로 매주 거리로 나갔다. 관객이 열 명이라면 열 명 모두의 마음을 만족시키면 좋겠지만 욕심 내지 않기로 했다. 누군가의 마음을 움직이고 감동을 준다는 것 자체가 절대 쉬운 것이 아니기에 한 사람의 마음도 나에게는 컸다.

  상황을 바라보는 태도에도 변화가 생겼다. 오랜 시간 열심히 연습한 곡들은 나를 지지하고 자신감을 불어넣어주는 최고의 친구가 되었고, 소음이었던 상가 음악 소리, 자동차 경적, 사람들의 이야기가 오케스트라 선율처럼 다가왔다. 정적 속에서 시작하는 공연이 아니라 이미 많은 소리로 채워진 도심 한가운데를 무대로 누릴 수 있다고 생각하니 세상의 소리를 다스리는 지휘자가 된 기분이었다.

  내 연주를 들어주는 사람이 없어도 괜찮았다. 도심을 덮고 있는 온 하늘이 나를 지켜주는 소속사였고, 끝없이 펼쳐진 온 땅이 나의 무대라고 생각하자 작은 상황들은 노력과 열심에 따라 얼마든지 변화시킬 수 있다는 자신감이 생겼다. 그 뒤로는 관객 수에 연연하지 않고 자유롭게 연주할 수 있었다.

긍정적으로 생각하고 감사하는 마음이 가지고 오는 효과는 생각보다 컸다. 주어진 상황에 흔들리지 않으니 마음이 넓어졌고, 목표를 조금 멀리 잡자 현재 겪는 일들은 작은 과정에 불과했다. 힘든 일이 있어도 꿈을 이루기 위한 과정이라고 여기며 넉넉한 마음을 지녔다. 이런 마음으로 공연에 임하니 연주할 때 맘이 편했고, 팔과 몸에 무리가 가지도 않았으며 가장 문제였던 말도 대화하듯 자연스럽고 편해졌다.

많이 연습하고 준비한 만큼 자신감 있었던 〈터키 행진곡〉과 〈인생의 회전목마〉는 나의 연주 대표 곡이 되었고, 사람들의 반응과는 상관없이 그 곡을 연주하는 상황 자체만으로도 행복했다. 나와 잘 맞는 곡을 치면서 내 안에 행복이 채워지면서부터는 그 기분이 저절로 관객들에게까지 흘러갔다.

모든 상황을 너그럽게 받아들이는 여유가 새기면서 비가 내리지 않고 거리 공연을 할 수 있는 맑은 날씨에도 감사하게 되었다. 공연 시작 전 피아노에 앉기가 두려웠던 마음 또한 사라졌다. 상황은 보는 만큼, 보고자 하는 마음만큼 보인다. 처음에는 눈에 들어오지도 않던 피아노 옆에 서 있는 나무와 전봇대가 마치 나를 지켜주는 경호원 같았고, 가로등과 서점 불빛은 아름다운 조명이 되었으며, 온 자연은 변함없이 나를 응원해주는 청중이 되어주었다.

하나둘 맺히는 노력의 결실

나는 원래 기계와 그리 친하지 않다. 기계 화면보다 종이가 좋고, 책장을 넘기는 소리가 좋고, 악보를 종이 오선지에 슥삭슥삭 그리는 것이 좋다. 친구를 만나는 것보다 조용한 곳에 혼자 앉아 노트에 글을 적는 시간이 좋고, 손으로 흔적을 남기는 것을 좋아한다. 인터넷 쇼핑보다는 직접 가서 보는 걸 좋아하고, 휴대전화 메시지보다 손 편지를 좋아해서 마음을 표현하고 싶은 사람에게는 아직도 편지를 쓰는 나는 아날로그 아티스트다. 그래서인지 대학을 졸업할 때까지 SNS 아이디가 하나도 없었다. 이런 나를 바꿔놓은 것이 바로 거리 공연이다. 공연 소식을 알리고 감사 인사를 전하고 안부를 물을 공간이 필요했던 터라 공연을 시작한 첫해 페이스북 계정을 만들었다.

그러던 어느 날 페이스북 알림이 엄청나게 울렸다. 알고 보니 내 공연을 본 사람들이 연주 영상을 찍은 다음 나를 태그해 올린 것이었다. 더 놀라운 것은 그 영상을

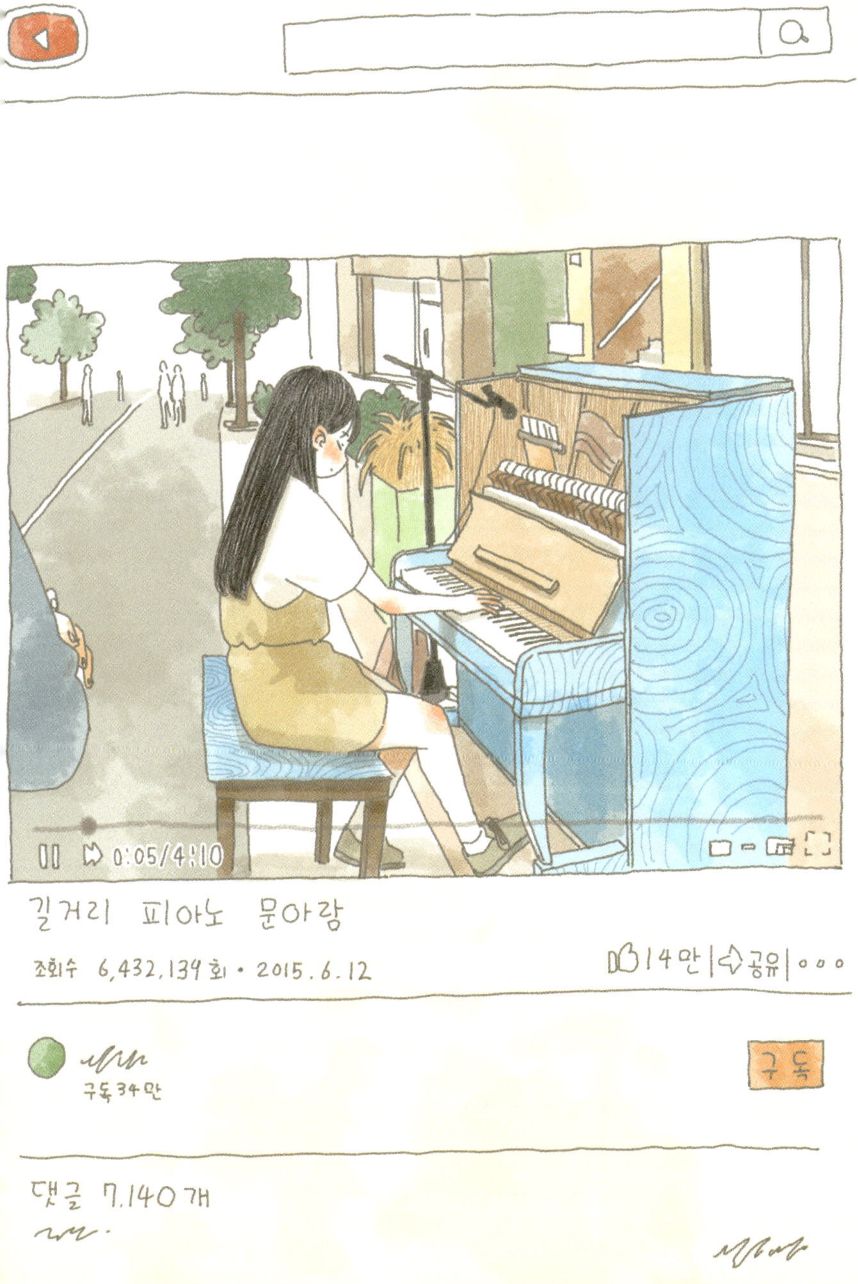

길거리 피아노 문아람

조회수 6,432,134회 · 2015.6.12

👍14만 | ↪공유 | ○○○

구독34만

댓글 7,140개

많은 사람이 보았다는 사실이다. 거리 공연을 갈 때면 촬영 장비도, 촬영해줄 사람도 없어 늘 아쉬웠는데 내 공연에 자주 와서 연주 장면을 담아 유튜브에 올리는 관객이 있었다니! 나는 뜻밖의 선물을 받은 것처럼 기뻤다.

3년 동안 같은 장소에서 연주하며 멀리서 찾아와주는 사람들이 있을 정도로 어느 정도 자리를 잡아가던 시절이었다. 많은 사람이 눈빛과 표정으로 응원을 보내주는 것만으로도 감사한데, 이젠 인터넷에서까지 내 공연이 관심을 받게 되다니! 페이스북 페이지에 올라온 연주 영상의 '좋아요'는 10만이 넘어가고 유튜브에 올린 영상 조회 수는 800만까지 치솟았다. 더 감사한 것은 가장 많은 사랑을 받는 두 곡이 첫해 공연을 끝내고 겨우내 갈고닦았던 〈터키 행진곡〉과 〈인생의 회전목마〉라는 점이었다.

내 존재를 알릴 수 있게 된 것 같아 얼마나 기쁘고 감사하던지. 그러나 그 상황에 너무 심취하지 않는 것이 겸손한 마음을 잃지 않는 길이었기에 기쁜 마음은 잠시 접어두고, 댓글 하나하나를 확인하며 냉정한 시선으로 조언해주는 글을 마음에 새겼다.

일이 계획대로 이루어지지 않거나 노력했음에도 당장 원하는 결과를 얻지 못한다 하더라도 낙심하기는 이르다. 전혀 예상치 못한 곳에서 노력이라는 이름의 빛이 나를 비추는 날이 꼭 온다. 그 노력이 진심이었다면.

해를 거듭할수록 거리는 나를 성장시키고 가르침을 주는 최고의 학교가 되었다. 거리는 아무 조건 없이 나를 받아주었고, 거리에서 함께했던 피아노는 '청년 문아람'의 마음을 예쁜 소리로 담아 세상에 전해주었다. 또한 낮과 밤의 길이, 나뭇잎의 색, 햇빛, 날씨 등이 새삼 소중하게 느껴졌다. 사람들은 그것들이 우리 옆에 당연히 있어야 할 것으로 생각하지만 만약 어느 순간 그것들이 사라진다면 어떨까. 당연한 것들이 움직임을 멈추면 우리는 살아갈 수가 없다. 이 세상에 당연한 것은 아무것도 없음을 나는 거리에서 자연을 바라보며 배워나갔다.

행복으로 가는 길

내가 열심히 살고 무엇이든 지독하게 경험하고 싶었던 이유는 행복하기 위해서였다. 그저 단순한 감정이 아니라 궁극적으로 행복을 발견하고, 진정한 행복에 대해 알아보고 싶었다.

나는 무엇을 하든 어디에 있든 내가 행동하고 움직이면 행복하고 감사한 일이 생긴다고 믿는다. 그리고 행동과 생각이 행복과 나를 이어주는 연결 고리이자 통로라는 것을 믿기에 행동과 생각, 더 나아가 말하는 것까지도 매우 중요하다고 생각한다.

아무리 크고 놀라운 일이라도 계속 반복되면 익숙해지고 당연하게 여겨져 가끔 그 가치를 잃어버릴 때가 있다. 그렇기에 나는 작은 일에 감사하고 순간순간 행복으로 가는 길을 찾아 나아갔다. 삶의 빈틈조차도 작은 감사로 채워나갔다. 비가 내리면 신발이 젖고 이동이 불편하지만 식물들이 얼마나 좋아할까를 생각하며 감사했고,

자연재해가 일어나서 두렵고 가슴이 아프면 평범했던 지난날들이 얼마나 소중했는지를 떠올리며 깊이 감사했다. 어려운 상황을 극복하고 나면 아침에 눈을 뜨는 것만으로도 감사가 넘쳤다.

학교 공부와 일을 병행하며 대중교통을 많이 이용하던 대학생 시절, 지하철이나 버스의 의자에 앉으면 긴장이 풀려 피로가 몰려오곤 했다. 그럴 때면 철저히 내 꿈 중심으로 말도 안 되는 감사를 했다.

'나중에 유명해지면 대중교통 타는 것도 불편할 텐데 마음 편하게 탈 수 있는 지금을 감사하자.'

꿈만 바라보고 사느라 시간을 내 여행을 가본 적은 없지만 내 인생 자체가 긴 여행이라 여겼다. 깨달음을 발견한 곳이 내게는 세계 어디보다도 훌륭한 명소였다. 그곳에서 소중한 사람을 만났고, 처음 느끼는 감정을 들게 해준 사람은 여행길에서 만난 소중한 친구와도 같았다.

바쁘게 살면서도 나는 틈틈이 감사하고 짬짬이 배우고 순간을 즐겼다. 즐거움은 행복하고 기쁜 일에만 존재하는 것이 아니다. 실패와 실수, 경험과 반성, 내가 느낄 수 있는 다양한 감정, 이 모든 것이 모였을 때 즐거움이 완성되고 그것이 참된 의미를 갖게 된다.

작곡가의 길로
들어서면서

내 이름을 걸고 곡을 쓰다

세상에 존재하는 많은 음악에는 작곡가의 생각과 마음, 의도가 있기 마련이다. 그런 것들이 구체적으로 드러나지 않더라도 말이다.

클래식부터 대중음악까지 훌륭한 작곡가들의 곡을 연습할 때면 나는 바로 피아노에 앉지 않고 우선 책상에서 악보를 찬찬히 들여다본다. 선율을 상상하고, 머릿속에서 피아노를 연주하면서 점차 악보와 하나가 되어가는 것을 심장으로 미세하게 느낀다. 그런 다음에야 피아노 앞에 앉아 한 음씩 누르며 음악을 완성해간다. 책상 앞에서 심장이 기억한 곡이 문아람이라는 사람의 손가락에 닿아 문아람만의 소리가 되어가는 것이 느껴진다. 그럴 때면 정말 짜릿하다.

누군가의 곡을 내 심장과 손가락에 담아 연주하는 것이 이렇게 짜릿한데, 처음부터 끝까지 내가 만든 곡을 연주한다면 어떨까. 2015년이었다. 마음속 소리와 생각에 귀를 기울였고, 연필을 잡고 오선지에 옮겼다. 그때까지 단 한 번도 작곡을 해본 적이 없었지만 손이 가는 대로 빈 오선지에 생각과 마음, 언어를 그리기 시작했다. 공연이 하고 싶어서 거리에 나갔던 것처럼, 곡을 쓰고 싶어서 연필을 잡은 것이다. 음악적으로 뛰어난 선율을 그리거나 기술적으로 훌륭한 화성을 만들지 못하는 것은 당연했다. 그러나 훌륭하고자 애쓰지 않았다. 그저 일기장에 생각을 담듯 오선지에 음표를 적어나갔다.

작곡 전공자 입장에서는 서툰 작곡 과정일지 모르지만 남이 뭐라고 하든 상관없었다. 내가 하고 싶은 일을 했을 뿐이니까. 누군가의 곡이 아니라 진짜 내 곡에 내 마음을 온전히 담아 전하고 싶었으니까. 이 같은 생각은 연필을 움직이게 하는 원동력이 되었다.

동생을 위한 미니 앨범 《아람》

대학을 졸업하고 꿈만 바라보며 걸어가던 나의 꿈길에 막냇동생이 동행했다. 나도 겪어본 시기지만, 20대 초반은 생각도, 고민도 많은 나이다. 동생 역시 마찬가지였다. 나는 생각이 복잡할 때는 익숙한 곳과 물리적인 거리를 두고 낯선 곳에서 생활하면 자신도 몰랐던 모습을 발견할 수 있을 거라고 제안했고 동생이 용기를 냈다. 그렇게 함께 지내기 시작한 우리의 보금자리는 반지하 작은 원룸. 한방에서 남동생과 생활하는 게 쉽지 않을 수도 있지만 우리에게는 최고의 보금자리였다. 당시 나는 아르바이트와 레슨을 정말 많이 하던 때라 아침에 눈뜨면 나가서 잠잘 때가 되어서야 들어왔는데, 이렇게 숙박만 하던 집을 동생이 잘 활용해주니 월세가 아깝지 않았.

 동생이 상경한 첫 밤을 잊을 수 없다. 반지하라 밤에 불을 끄면 새어 나오는 빛 하나 없이 어두웠는데 깜깜한 천장을 바라보며 누운 우리는 누가 먼저랄 것 없이 도란도란 이야기를 시작했다. 언제나, 누구에게나 찾아오는 밤이지만 그날 밤은 시간적인 개념을 떠나 영화 상영 전에 잠시 갖는 브레이크 타임 같았다. 마치 우리만의 여행을 만들어가기 직전인 듯한 기분이 들었다.

  동생은 "우리가 키웠던 강아지 기억나? 진짜 귀여웠었잖아"로 시작해서 "아빠랑 뒷산에 가서 썰매 탈 때 재밌었는데"로 이어지더니 "누나, 나는 어렸을 때 누나랑 형이랑만 친하다고 생각했어"라는 서운함이 담긴 자기 고백까지 했다. 뜻밖의 이야기였다. 막내여서 온 가족에게 사랑을 듬뿍 받았다고 여겼기에 동생이 누나와 형을 향해 느꼈을 섭섭함에 대해서는 생각조차 해본 적이 없었다. 그때 나는 함께 보낸 시간과 추억에 대해 무한 공감하면서 동생만의 생각, 동생 홀로 느꼈던 감정들을 이해하고 인정하려 애썼다.

  "내가 너 많이 챙겨주고 예뻐해줬는데?"라고 내 입장에서 말한 것이 아니라 "진짜? 정말 몰랐어. 나는 네가 마냥 해맑게 잘 지내는 줄 알았는데. 그런 생각을 하고 있는지 몰랐어"라고 동생의 생각을 먼저 존중해주었다. 이렇게 동생의 맘을 헤아리는 내 반응 덕분에 우리 대화는 편안한 분위기에서 길어지고 깊어졌다.

처음에는 '동생이 왜 그렇게 생각했을까'라는 의문이 떠올랐다. 그렇지만 대화를 이어가면서 다른 시선으로 그때의 상황을 바라보게 되었다. 피아니스트를 꿈꾸기 시작하면서부터 학교 공부와 피아노 연습만으로 삶을 채워가느라 다섯 살 차이 나는 동생과 대화를 많이 나누지 못했다. 나중에는 가족이 진주로 이사 가면서 떨어져 지내기까지 했으니 그런 생각이 들 수도 있었겠구나 싶었다. 그러자 동생을 조금 더 살펴주지 못한 미안함이 몰려왔고 흐릿했던 물음표가 선명한 느낌표로 바뀌었다.

동생과의 대화는 아침이 밝아올 때까지 계속됐다. 둘째 날도 셋째 날도 우리는 밤새 이야기를 했다. 그러면서 한 지붕 아래에서 산 시간이 길었던 가족인데 서로에 대해 이렇게 모를 수가 있었나 새삼 깨닫게 되었다. 진솔하게 마음을 공유하며 우리는 돈독한 우애를 쌓을 수 있었다. 3일 동안의 대화가 없었다면 함께 여러 날을 지냈지만 깊은 교감은 없었을 것이다.

공유할 시간과 추억이 있는 사람과의 대화에는 공감이 있다. 공감이라는 단어를 완성하기 위해서는 같은 시간에 함께 존재해야 하고, 추억에 대한 감정 기억이 같아야 한다. 같은 시간과 사건에 대한 감정이 같은 사람에게 일어나는 공감을 다른 단어로 표현한다면 '맞장구'일 것이고 모양으로 표현하면 '끄덕끄덕'이라고 할 수 있다. 하지만 언제나 기억과 생각이 같을 수 없으니, 때로는 끄덕끄덕과 맞장구 대신 갸우뚱, 서운함, 억울함 같은 결이 다른 감정이 떠오른다.

서로 생각이 다른 것은 반응되는 행동과 감정이 다른 것일 뿐, 싸울 일이 아니다. 피가 섞인 가족도 생각과 감정이 다른데 하물며 세상을 살아가다 만나는 타인과 나는 오죽할까. 이해는 다름을 인정하는 데서 시작된다. 도덕적인 문제가 아닌 이상 세상에는 여러 정답이 공존한다. 살아온 세월이 각자에게는 정답이다. 물론 수학처럼 딱 맞아떨어지는 정답은 아니다. 그러므로 서로의 정답에서 지혜를 얻으면서 시너지를 내면 된다.

나는 동생과 이야기를 나누며 동생이 걸어온 삶 속에서 정답은 물론, 오답과 여러 생각에 대해 실컷 들었다. 그리고 나니까 동생의 지금이 궁금해져 마지막으로 꿈 이야기를 물었다.

"너는 꿈이 뭐야? 어떻게 살면 행복할 것 같아? 누나의 삶에서는 꿈이 참 중요한데 네 꿈이 뭔지 궁금해."

"나도 찾아가는 중이야. 서울에 있으면서 이것저것 많

이 도전하고 경험해보려고."

그 고백에 딱히 떠오르는 응원의 말이 없어서 툭 하고 한마디 건넸다.

"너는 키 크고, 잘생기고, 붙임성이 좋고, 사교성도 좋아서 뭘 해도 다 잘할 거야."

남매의 밤샘 대화는 3일로 마무리되었다. 그 3일은 둘에게 큰 영향을 미쳤다. 우리는 단순히 같은 부모 아래에서 태어나 남매로 지내는 관계가 아니라 서로를 인간적으로 이해하는 관계로 변화되었다. 우리는 가장 가까운 응원군이자 동맹군, 연합군이 되어 그 뒤로 2년간을 함께 살았다.

당시 나는 반주 아르바이트, 개인 레슨, 피아노 학원의 파트 강사 등 할 수 있는 모든 것을 하면서 생활을 유지하는 동시에, 정해진 시간만큼은 반드시 피아노 연습을 했으며 매일 단 몇 마디라도 곡을 썼다. 자는 시간도 아까워서 대중교통에서 쪽잠 자는 것으로 만족했을 만큼 빡빡한 일상에서 나를 지치지 않게 해준 것이 바로 피아노와 동생의 존재였다. 둘은 단순히 내 길의 원동력이 된 것이 아니라 건조한 땅에 내리는 단비가 되어주고 시들 수 있었던 삶에 숨을 불어넣는 그런 존재였다.

나는 정신없이 하루를 보내다가도 피아노 앞에 앉으면 에너지를 얻었다. 주말 거리 공연을 떠올린 것이다. 기다리는 무언가, 기대하는 무언가를 생각하며 보내는 시간에는 생기가 있다. 퇴근 후 사랑하는 사람과의 만남이 약속된 직장인의 하루와 비슷할 것 같다. 사랑하는 사람이 기다리고 있다는 생각이 주는 에너지가 회사 일의 고단함을 덜어주지 않는가.

뿐만 아니라 넘어질 뻔할 때마다 열심히 살아가는 동생의 모습은 내게 좋은 자극제였다. 하루빨리 무언가를 이루어서 동생에게 현실적인 도움을 주고 싶었다. 그런 마음은 나를 '열심히 살자. 그러다 보면 내에게도 무대가 올 거야. 열심히 사는 모습으로 좋은 본보기가 되자'고 다짐하게 했고, 매일 나를 이끌어서 꿈에 닿게 해주었다. 지금 생각해보면 생활 모든 부분을 동생과 공유하는 원룸이었기에 오히려 이런 선물을 받을 수 있었던 것 같다.

거리 공연을 마무리하고 귀가하던 어느 날이었다. 한 주 동안 쌓인 고단함이 유독 밀려와 집에 가면 얼른 자야겠다는 생각밖에 없었다. 거리 공연을 하고 나면 없던 힘도 생겨서 발걸음이 가볍기 마련인데, 그날은 집에 겨우 도착했다. 그런데 현관문을 열고 들어가자 엄청난 선물이 눈앞에 펼쳐졌다. 내가 잘못 들어온 게 아닌가 싶을 만큼 온 집이 반짝반짝 빛났고 싱크대, 베란다 구석구석까지 먼지 하나 없이 깨끗하게 청소가 되어 있었다. '호캉스를 가면 이런 기분일까?'라는 생각이 들 정도였다. 새집처럼 반짝거려서 한동안 현관문 앞에 멍하니 있었다. 오늘 집에서 무슨 일이 있었던 걸까. 동생에게 전화를 했더니 동생은 묵직하게 한마디만 남기고 전화를 끊었다.

"깨끗하지? 정리하고 치우느라 고생 좀 했어."

행복한 마음을 부모님에게 자랑하고 나서 바닥에 앉아 집을 두리번거리는데 문득 복잡 미묘한 감정이 올라와 눈물이 흘렀다. 그건 보통의 청소가 아니었다. 꿈 찾아 새로운 도전을 하느라 힘든 동생이 자신이 지금 누나에게 해줄 수 있는 가장 크고 귀한 선물을 준 것이다. 공연하느라 힘들었을 누나가 깨끗하게 정리된 공간에서 편하게 잠을 청할 수 있도록 말이다. 바쁘게 산다는 핑계로 집 정리를 제대로 못 하는 누나를 생각하는 마음이 정말 고마웠다. 혼자 얼마나 쓸고 닦았길래 이토록 반짝거릴까. 동생의 모습을 상상하자 따뜻한 음악적 영감이 떠올랐다.

그렇게 동생이 반짝반짝 청소해준 원룸 방바닥에 앉아 미니 앨범 《아람》의 다섯 곡을 순식간에 써내려갔다.

꿈

미니 앨범에 담긴 첫 번째 곡, 〈꿈〉. 하나부터 열까지 신경 써야 하는 서울살이를 하며 월세, 공과금을 내다 보니 동생에게 고기 한 번 제대로 사주기가 어려웠다. 어떤 때는 동생이랑 중고로 팔 물건이 없는지 집 구석구석을 둘러보기도 했고, 오랫동안 모아온 저금통에 든 동전들을 꺼내 쓰기도 했다. 이 곡에는 훗날 피아니스트가 되고 라디오 디제이가 되어 있는 내 모습이 담겼는데, 곡을 쓰던 시기에 당장 이루고 싶었던 꿈은 소고깃집에 가서 동생에게 소고기를 실컷 사 먹이는 것이었다. 동생이 곧 찾게 될 꿈을 응원하면서.

  꿈에는 크기가 없다고 생각한다. 또 나는 하루 '계획'이라는 말 대신, 하루 '꿈'이라는 말을 한다. 꿈을 이루듯이 살면 24시간이 소중할 수밖에 없다. 내게는 '열심히 연습하고 나서 따뜻한 커피를 마셔야지'라는 생각도 꿈이고, '조금 지친 하루였지만 저녁에는 동생이랑 김치찌개 만들어 먹어야지'라는 다짐도 꿈이다. 창작 활동을 하다 보면 고독하기도 하고 자신감을 잃을 때도 많은데, 그럴 때는 귀갓길에 치킨을 미리 시켜놓는다. 그러면 무거웠던 발걸음이 이내 가벼워진다. 치킨을 먹을 수 있다는 순간적인 꿈이 주는 행복이다.

이처럼 꿈은 생각만으로도 가슴을 두근거리게 한다. 특히 꿈을 이룬 내 모습을 상상하는 시간은 엄청난 에너지를 발생시킨다. 내게 꿈은 그렇다. 다양하게 존재하고 다양하게 꾼다. 현실과 동떨어져 있다고 해서 생각조차 포기할 필요도 없고, 현실을 직시해야 한다고 해서 상상을 낭비라고 여길 필요도 없다. 멀리 있으면 멀리 있는 대로 이루기 어려울 것 같으면 어려운 대로 품어보는 것이다. 꿈은 내게 그렇게 존재한다. 무언가를 꿈꿔야 할지 모를 때는 그날 할 일을 꿈이라고 생각한다. 그래서 저녁에 치킨을 먹기로 맘먹은 일도 꿈이다. 꿈이 주는 에너지와 생기를 따라 삶을 주체적으로 만들고 움직여보는 것이다.

그리다

아무것도 채워지지 않은 오선지 한 장과 연필 한 자루, 지우개 하나. 이렇게 세 가지만 있으면 나는 시간이 어떻게 흘러가는지도 모르고 상상에 푹 빠진다.

곡을 쓰는 방식과 순서는 다양하겠지만 나는 빈 오선지를 앞에 두고 한참 동안 머릿속으로 상상만 하다가 연필을 잡는다. 생각이 나지 않을 때는 피아노 건반으로 먼저 자유롭게 멜로디를 만들어보기도 하고 빈 오선지를 오래도록 들여다보기도 한다. 때로 내게 일어났던 사건이나 에피소드, 내가 품었던 감정을 되새기고 그 시간으로 잠시 떠나기도 한다. 그러다 보면 어느새 반짝이는 멜로디를 흥얼거리게 되고 곡이 써진다. 쓰다가 이상하면 지우개로 지우고 지우개 가루를 털어내고 또다시 음표를 채우며 곡을 완성한다.

물론 오선지에서 완성된 곡을 피아노로 연주했을 때 별로인 경우도 많지만 그건 불평하고 안타까워할 일이 아니라 나의 음감과 감각이 부족함을 인정하고 지혜를 구해볼 기회다. 책상 앞에서 완성한 곡은 피아노 앞에서 수정해가는데 마치 자신 있게 풀어놓은 수학 문제를 검

산하는 시간처럼 느껴진다. 이 과정까지 마치면 나만의 완성이라는 길을 통과한 자작곡이 세상에 태어난다!

우리 삶을 예술 작품이라고 하면 살아가는 모습은 곡이 완성되는 과정과 닮았다. 호기롭게 시작했지만 지우는 일이 더 많을 때가 있고, 연필로 쓴 자국보다 지워낸 자국이 만든 얼룩이 더 진하게 남기도 한다. 지운다고 끝이 아니다. 지우개 가루를 털어낼 힘이 없을 때도 있고, 쓴 것도 없는데 연필심은 짧아져서 다시 깎아야 할 때도 있다. 그러면서 고되고 지겨운 과정을 거쳐 완성된 멜로디 하나에 웃음 짓는다. 곡 전체가 만들어진 것도 아닌데 선율 하나에 다음 선율을 발견할 자신감을 얻는다.

각자의 삶에서 작가인 우리가 행복과 진심을 벗 삼아 삶이라는 예술을 아름답게 가꿔갔으면 좋겠다.

가끔 불안해도

이렇게 사는 게 맞나? 지금이라도 방법을 찾아서 유학 준비를 할까? 무작정 연습만 한다고 나를 알릴 수 있을까? 차라리 콩쿠르를 준비할까? 피아니스트로 잘될 확

률은 너무 낮으니 전문 레스너가 되도록 학생들을 많이 가르칠까?

이런 생각을 하며 나는 가끔 불안해했다. 불안은 생각을 낳고, 생각은 또 다른 생각을 낳았다. 누군가에게 물어본다고 답이 나오는 것도 아니었다. 타인의 말이 나의 삶에 잠시 다녀갈 수는 있지만 나와 성격, 성향, 환경이 같은 사람이 존재하지 않으니 말이다. 결국 질문에 대한 답을 얻으려면 직접 경험해보는 것이 가장 좋은 방법이었다. 아무것도 하지 않고 불안 속에 살기보다 차라리 뭐든 시작해보고 불안한 게 낫다고 생각하면서.

불안에게 삶의 주도권을 빼앗기는 것보다는 불안을 딛고 일어서든지, 차라리 불안과 나란히 걸어가야겠다고 생각했다. 피아니스트의 꿈을 품고 피아노에 인생을 다 바치기로 결심했던 10대에 인생 계획표를 만든 적이 있다. 그때 적었던 글 중 하나가 '20대는 경험하는 시기며, 나의 인생은 30대부터다. 20대에는 마음껏 불안해하고 실패하고 경험하자'였다. 기억 속의 다짐과 메모는 내게 불안과 마주할 용기를 주었고, 불안함을 환영하게 했다. 그렇다고 그 시간을 완벽하고 건강하게 마주한 것은 아니다. 어리고 미숙해서 제대로 마주하지 못한 일도 많지만 후회하지는 않는다. 단 반성할 뿐.

불안해지면 나는 스스로에게 말한다. "자! 이 사건을 통해 무엇을 배울래?" 힘든 일이 생기면 이렇게 외친다. "나는 얼마나 담을 것이 많길래 이렇게 그릇이 넓어지려는 걸까." "앞으로 내 곡에서 더 진정성이 느껴지겠구나." "이 감정은 처음 느껴보는데? 반갑다." 그러고서는 하늘을 한번 바라본다.

괜찮다

타인에게 건네는 위로. "괜찮아?"

내가 나에게 건네는 위로. "괜찮다."

이 곡은 나를 위로하기 위해 다. '누가 뭐라고 해도, 괜찮다'는 마음으로.

지금도 그렇지만, 20대의 나는 말을 하는 것보다 듣는 것이 편했고, 맞추어주는 것이 편했다. 자존감과 별개로 성향이 그랬다. 이를테면 내가 원하는 음식을 먹었을 때 얻는 행복보다 누군가 먹고 싶어 하는 음식을 함께 먹고 그 사람이 만족스러워할 때 얻는 행복이 더 컸다. 그게 나였다. 그런데 사회에서 만난 사람들은 그런 나에게 "솔직하지 못해", "넌 생각이 너무 많아", "자존감이 낮구나. 착한 척 그만해"라는 말을 자주 했다. 타인의 말과 행동을 완벽하게 무시하기가 어려웠던 내게 그런 말은 '내가 잘못하는 건가?'라는 생각을 하게 했다. 서른이 지난 뒤에야 비로소 사람들이 별 생각 없이 그런 말을 한다는 사실을 알았다. 생각과 마음이 담기는 것이 말이라고 여겨온 나였기에 오랫동안 다른 사람도 언제나 진심으로 말하는 줄 알았다. 특히 '남을 평가하는 말은 더욱더 조심해야 하는데 쉽게 뱉지는 않겠지…'라고 생각하던 나는 타인의 말에서 스스로를 지키는 주문을 외우곤 했다. 바로 '괜찮다'였다.

'맛있다, 맛없다'부터 '멋있다, 예쁘다, 착하다'까지. 우리는 하루에도 여러 번 크고 작은 평가와 판단을 경험한다. 그러나 본인의 생각과 맞지 않거나 자신과 다르다고 이해와 존중이 결여된 평가를 내리고 쉽게 판단을 하는 세상에는 샘이 있을 수 없다. 메마르고 가뭄이 찾아오게 된다.

성적을 기준으로 학생의 모든 면을 평가하는 학교에서 학생은 공부 외에 어떤 꿈을 그려볼 수 있을까. 다른 꿈을 꾸는 학생에게 개성이 강하다고 평가할 것이 아니라 학교가 주지 못한 기회를 스스로 찾아냈다고 박수를 보내야 한다. 나 역시 인문계 고등학교에서 음대를 준비한다는 이유로 몇몇 선생님들에게 꿈을 짓밟히는 평가를 들은 적이 있다. 대학을 졸업하고 거리 공연을 시작하면서 무대에서 말을 하는 사람이 되겠다고 했을 때도 어떤 사람들은 이렇게 말했다.

"음악 하려면 집에 돈이 많아야 돼. 너는 그냥 레슨이나 하면서 살아."

"내가 연예인 한 명을 아는데 걔는 아버지가 PD셔. 너는 인맥이 있니?"

"거리 공연은 무슨 거리 공연이야. 그걸 누가 본다고."

"서울에 연고도 없는데 어떻게 성공하려고 하니?"

"연예인이 되고 싶은 거야? 무대에 서고 싶으면 성형수술부터 해."

그들의 말은 어린 내게 가혹하고 폭력적이었으나, 상대방은 아무렇지 않은 표정과 가벼운 말투로 내 맘에 상처를 주었다. 이런 말을 흘려듣지 못하는 나를 탓하는 사람도 있었다. 과연 말을 새겨듣는 사람을 탓하는 게 맞을까? 내가 예민한 것이 아니라 상대가 무례한 것인데 말이다. 무례한 사람은 자신이 무례하다는 것을 절대 알지 못한다. 평소 자신의 존재를 인정받거나 높이 평가받지 못하니 예의 없는 말을 뱉으면서 자기 위치를 높여보려고 애쓰고 그걸로 자존을 확인하는 것이다. 참 어리석다.

욕이 섞여야 나쁜 말이 아니다. 이해가 결여된 채 상대를 쉽게 평가하는 말은 언제나 위험하다. 말 안에 권위 의식이 숨어 있기 때문이며 내가 맞고, 넌 틀렸다는 가치 판단이 내재되어 있기 때문이다. 권위 의식을 가지고 뱉는 가치 판단적인 말은 타인의 자존심을 건드릴 수 있다는 것을 명심해야 하며, 그 누구도 타인의 자존과 마음을 상하게 할 자격은 없다는 것도 알아야 한다. 피가 섞인 가족일지라도 말이다.

말은 입 밖으로 나오기 전 뇌와 심장에 저장되고, 남의 말은 내 귀로 들어와 뇌와 심장에 닿는다. 평소 생각하던 것이 말이라는 수단을 통해 드러나는 것이며, 이로써 보이지 않는 내가 드러나는 것이다. 입을 움직이는 데 큰 힘이 들지 않는다고 해서 말의 무게를 가볍게 여기면 안 된다. 말 한마디에 사람이 살기도 하고 죽을 수도 있다. 그래서 나는 쉽게 남을 평가하는 사람에게 이렇게 묻고 싶다. "당신은 완벽한가요?"

SNS를 비롯하여 세상의 많은 글이 나를 사랑하기, 자존감 높이기 등 자아에 대한 이야기를 한다. 내면을 건강하게 해주는 방법이나 타인의 시선에서 자유로울 수 있는 비결을 알려준다. 다 좋은 말이고 맞는 말이다. 하지만 한마디 보태고 싶다. 말수가 적은 사람이라고 해서 무조건 자존감이 낮은 게 아니다. 자신의 의견보다 타인의 의견을 따른다고 해서 자신을 사랑하지 않는 사람이 아니다. 혼자 있는 시간을 좋아한다고 해서 내면이 불안한 사람이 아니다.

대답이 늦고, 말수가 적은 것은 자존감 문제가 아니라, 생각하는 속도, 생각의 깊이 차이에서 비롯되는 것이다. 타인의 의견을 따르는 것이 편한 사람은 불쌍하고 답답한 사람이 아니라 당신을 존중하고 의견을 좁히는 데 에너지를 쓰고 싶지 않은 사람일 수 있다. '나를 사랑하자, 자존감을 높이자'는 주제의 책을 읽는다고 해서 자신을 자존감 낮은 사람으로 여기지는 않았으면 한다. 스스로를 사랑하지 않는 사람이라고 생각하며 아파하지 않았으면 한다.

세상 사람은 모두가 같은 가치관을 지니고 있지 않다. 특히 20대의 나는 꿈 말고 다른 것에는 관심이 없어서 온 에너지를 꿈에 쏟기 바빴다. 게다가 내향형의 사람이라

밖으로 흘러가는 에너지를 최대한 모아야 쉼이 가능했고, 수다와 맛있는 음식에는 별로 관심이 없었다. 무엇을 먹고 마시든 배가 부르면 그만이었고, 꿈과 음악에 대한 이야기가 아니면 대화에 잘 끼지 못했다. 만약 이로 인해 인간관계에서 서운함이 발생했다면 누구를 탓해야 할까. 꿈 많은 내 탓인가, 꿈보다는 현실을 잘 받아들이는 사람의 탓인가? 이 문제로 잘잘못을 가려야 한다는 생각 자체가 잘못된 것이다. 판단하려는 태도 자체에 오류가 있다.

어쩌면 그래서 나는 또래보다 조금 고독하게 살았고, 지금도 그렇게 살고 있는 것인지 모른다. 쇼핑하는 것보다 집에 혼자 있는 것이 좋고, 맛집을 찾아다니는 것보다 집에서 음악을 들으며 책을 읽고 곡을 쓰는 것이 좋다. 목표가 뚜렷하고, 꿈을 이루고 싶은 마음이 간절한 나는 주위에서 어떤 상황이 벌어지든 괜찮다.

'다르다'가 아닌 '틀렸다'고 말하는 사람에게 반응하지 않으면서 나 자신을 지키려고 스스로에게 수없이 말을 걸었다. "괜찮다"라고. 때로는 차분하고 다정하게, 때로는 냉정하고 차갑게. 어렵고 앞이 보이지 않을 때, 잠시 불편할 수는 있겠지만 그 상황을 불평한다면 더 힘들어지는 것은 결국 자신이다. 그래서 나는 "그래도 괜찮다. 이만하기를 다행이야" 하며 감사하고 일어났다. 넘어지면 손으로 땅을 짚어서 바닥에서 엉덩이를 떼고, 무릎을 세워 일어난 다음 손바닥을 털면서 한마디 외쳤다. "괜찮다!" 무겁지 않되 그렇다고 가볍지도 않고, 담백하지만 진중해서 참 좋았다. '괜찮다'라는 말이.

세상이 아무리 발전하고 변해도 책과 음악의 가치가 사라지지 않는 이유도 여기에 있다. 아니, 세상이 건조해지고 각박해질수록 책과 음악의 가치는 더 빛나고, 존재는 더 드러나고, 사람들은 이것들을 더 찾게 될 것이다. 사람이 주지 못하는 위로를 책과 음악에서 얻고, 사람에게 받은 상처를 책과 음악을 통해 치유받기 때문이다. SNS에서 우연히 마주한 한 문장에 공감하고 위로를 얻는 것도 글의 힘이라 할 수 있다. 우리 마음을 움직이는 공감 가는 대중가요 가사도 이런 힘을 가진 글이라 할 수 있다. 공허하고 적막했던 방이 음악으로 촉촉하게 채워지는 것을 느꼈다면 당신은 음악의 힘을 경험한 것이다.

사람의 말과 평가, 판단 속에서 살던 꿈 많은 청춘은 이렇게 자신을 다독였다. '괜찮다. 괜찮아질 거야.' 미래가 아니라 지금을 위로했다. '괜찮다.'

다시 그리다

끊임없이 괜찮다고 할 수 있는 것은 '다시'라는 희망이 있어서다. 괜찮기만 하고 다음이 없다면 그것은 에너지가 아니라 핑계 혹은 회피가 될 수밖에 없다. 종이에 연필로 그림을 그리다가 실수하면 지우개로 지우고 다시 그리면 된다. 펜으로 글을 적다가 틀리면 수정액으로 지우고 다시 적으면 된다. 물론 이 과정에서 흔적이 남아 지저분해지기도 하지만 그러면서 더 신중해지기 마련이다.

꿈과 목표를 정하고 달려가다 보면 부족한 선택을 할 수도 있고 실수를 경험하기도 한다. 그럴 때마다 나는 스스로에게 이렇게 용기를 주었다.

"부족했던 거지 잘못한 것이 아니야. 실수를 경험한 거지 실수를 저지른 것이 아니야."

우리 모두 "괜찮다. 다시 그려야 한다"가 아니라 "괜찮다. 다시 그리면 된다"고 스스로에게 말해주자. 막연히 위로를 해주거나 잘못을 덮으려는 의도에서 말고, 충분한 반성과 책임과 함께.

음악이 사람을 움직인다

 지금의 내가 있기까지 삶의 길잡이가 되어준 사람들이 몇몇 있다. 대학교 마지막 학기에 나를 지도해주신 교수님도 그중 한 분이다. 사실 교수님은 스승님이라고 칭하고 싶을 만큼 그 당시 내 음악 인생에서 큰 역할을 해주셨다.

 보통 음대생은 졸업하면서 취업하기도 하고 대학원에 진학하거나 유학을 떠난다. 졸업이 다가올 무렵, 나는 '죽을 때까지 피아노를 치고 싶고, 음악을 하고 싶다'고 생각했지만 막상 여러 길 가운데 어디로 가야 할지 고민스러웠다. 휴학을 여러 번 해서 동기들보다 졸업이 늦어진 것도 신경 쓰였다. 그러면서 대학에 막 진학했을 때와는 달리 현실을 최대한 고려하면서 스스로에게 본질적인 질문을 던졌다.

 '나는 음악에 재능이 있는 걸까?'

 '뛰어난 음악가들이 사방에 넘쳐나는데 내가 과연 사

람의 마음을 움직이는 아티스트가 될 수 있을까?'

꿈 많은 청춘으로서는 언제나 긍정의 언어가 넘쳤지만, 학생으로서는 정답을 궁금해하고 정답을 찾아야 한다는 강박에 시달렸다.

음악적 재능과 실력에 대해 고민하다 보니 '피아노를 계속해도 될까'라는 의구심도 들었다. 돌이켜보면 그때 나는 아티스트로서의 기로에 위태롭게 서 있었다. 그러다가 '어떻게든 학기를 무사히 마무리하자. 마지막 실기 시험만 잘 치르고 나서 길을 찾아보자' 하고 애써 맘을 다잡았다.

그때 교수님을 만났다. 그리고 교수님의 가르침과 언어가 〈Beethoven Piano Sonata No.6〉에 남게 되었다. 내가 여태껏 인생 곡으로 꼽는 곡이다. 실기 시험을 위해 나는 3악장으로 구성된 이 곡을 선택했다. 그 이유는 2악장 때문이었다. 〈Beethoven Piano Sonata No.6〉 중에서 2악장이라면 그동안의 대학 생활을 잘 마무리할 수 있을 것 같았다.

정신없이 달리기만 했던 대학 생활, 우왕좌왕하기도 했고 자아를 잃어버리기도 했던 20대 초반, 많은 어려움 속에서도 피아노 연주가가 되기 위해 노력했던 시간들,

아무리 고되도 피아노 곁에 있을 수 있다면 행복했던 걸음들. 이러한 마음을 그 곡에 가장 잘 담을 수 있을 것 같았고, 한편으로는 스스로에게 보내는 '수고했다'는 메시지를 녹이고 싶었다.

 레슨 시간을 배정받고 교수님 앞에서 처음으로 이 곡을 연주한 날이었다. 교수님은 1악장과 2악장 연주를 끝까지 들어주시고는 딱 한마디 하셨다.

 "아람아, 너는 무슨 사연이 그렇게 많니?"

 거기에 담긴 교수님의 목소리, 표정, 말투, 말의 온도가 아직가지 정확하게 기억난다. 교수님 말씀에 마음이 다 무너져 울컥했던 내 감정도 생생하게 떠오른다. 그날을 회상하며 글을 쓰는 이 순간에도 마음이 벅찰 정도다.

 나는 마른 사막 한가운데에서 길을 찾으려고 애쓰는 사람이었다. 그런데 생각했던 것보다 사막이 너무 넓어 당황스러웠고, 모래바람은 걸음을 방해하고 자꾸만 강해지는 햇빛이 나를 괴롭혔다. 오아시스라든지 시원한 빗줄기는커녕 잠시 피할 곳조차 보이지 않았다. 어려운 상황 속에서 학교를 떠나기 전 희망의 말을 듣고 싶어 하던 내게 들린 기적의 메시지라고 할까.

 교수님의 첫 말씀이 내게는 그랬다.

"나는 너를 잘 모르지만 2악장을 듣는데 마음이 아파와서 힘들었다."

이때 나는 '음악 계속해도 되겠다. 아니 꼭 해야겠다'고 마음먹었다.

대학을 다니는 동안 '잘한다/못한다' 혹은 '좋다/별로다', '이 부분은 이렇게 연습해야 한다' 등 기술적인 부분에 대한 평가를 주로 받았다. 점수를 잘 받는 비법을 전수받았다고 할까. 음악이 무엇인지, 예술이 무엇인지에 대해서는 듣지도 보지도 못했다. 성적보다 음악 자체에 온 관심을 쏟았던 내 연주를 진심으로 들어주고 그 안에 담긴 내 이야기에 귀 기울여준 사람은 처음이었다.

'피아노 앞에서 뭐 하나라도 자신 있게 할 수 있었으면 좋겠다'라고 절박하게 느끼던 시기에 훌륭한 피아니스트인 교수님을 만났다. 아티스트로서의 가치를 평가 받고 싶었던 갈증에, 내 마음과 생각을 들어주신 교수님의 말씀은 단비 같았다.

'내가 연주로 누군가의 감정을 움직일 수 있다니. 나도 피아노 앞에서 내 이야기를 할 수 있다니!'

이 얼마나 벅차고 감격스러운 일인가. 몇 년 동안 열

심히 살아온 나날을 한순간에 보상받는 기분이었다. 그리고 결심했다. 부족한 연주였지만 내 이야기를 궁금해하는 사람이 있다는 것을 알았으니 앞으로 이런 질문을 100명에게만 더 받아보자고. 그 세월만큼은 잘 버텨보자고. 자칫 음악 인생을 포기할 수도 있었던 기로에서 만난 교수님의 질문은 이후 내가 힘들 때마다 곱씹으며 마음을 다잡는 데 도움을 주는 인생 문장이 되었다.

어둠 속에 같이하는 별

음악을 하면서 포기하고 싶었던 순간은 없었지만, 음악을 할 자격이 있는지를 스스로에게 묻는 시간은 있었다. 세상에는 피아노를 잘 치는 사람이 정말 많다. 그런데 나는 기술적으로 부족할 뿐 아니라 대단한 콩쿠르 수상 경력도 없는 음악가다. 세상의 기준과 남의 시선으로 보면 내 꿈을 이룰 수 있는 이유보다 이룰 수 없는 이유가 더 선명했다. 하지만 이루지 못할 이유가 100가지라 해도 꿈을 이룰 수 있는 단 하나의 이유가 있다면 느리더라도 묵묵히 걸어가기로 했다. 음악으로 누군가의 마음을 위로하는 데 수상 경력과 최고의 학력이 필요하지는 않으니까. 나는 눈에 보이는 것보다 보이지 않는 내면과 생각을 채우기 위해 노력하면서 사람을 위로할 수 있는 나만의 온도를 발견하고 만들어가는 데 온 신경을 집중했다.

지금 내가 할 수 있는 것, 꼭 대학원이나 유학을 가지 않아도 스스로 깨닫고 공부할 수 있는 것, 경험할 수 있는 것을 고민했고 찾아다녔다. 나의 고민이 극복되어 언젠가 또 다른 청춘에게 희망이 되기를 바라면서. 피아노 건반을 치는 것은 손가락이지만, 피아노를 연주하고 표현하는 것은 온몸과 마음, 생각이라고 확신하면서. 아파 본 사람이 아픈 사람의 마음의 처지를 알 수 있고, 힘들어본 사람이 힘든 사람을 공감할 수 있다고 생각하면서. 내게 필요한 것은 학기와 시험 일정에 따라 정신없이 공부하는 게 아니라 사람의 마음을 움직이고 마음의 온도를 높이는 것에 대한 고민, 그것을 어떻게 유지할지에 대한 고민과 훈련이었다.

내가 가장 뛰어나고 가장 빛날 수는 없을지라도, 단 한 명의 관객이 내 연주를 귀로만 듣는 것이 아니라, 내 마음의 온도를 전달받아 따뜻한 심장으로 받아준다면 이 길을 걸어가겠노라고 결심했다.

하늘의 수많은 별 중에는 사람 눈으로도 확인이 가능한 별이 있는가 하면, 눈에는 잘 보이지 않으나 빛나는 별도 있지 않은가. 도시의 하늘에서는 보이지 않아도 공기가 맑은 곳에 가면 보이는 별도 있고, 망원경으로 보아야 알아볼 수 있는 별도 있다. 내 음악이 누군가의 곁에서 작고 희미하더라도 오래 머무는 별빛이 되기를 바란다. 은은해서 평소에는 눈에 띄지 않지만, 힘들거나 슬퍼서 세상이 어둠으로 가득한 것 같은 순간에 따뜻한 빛을 밝혀주는 음악으로 존재하기를 간절히 바란다.

이런 이유로 나는 자작곡을 쓸 때마다 더 신중해진다. 진정성 있는 아티스트가 되고 싶고 진실한 아티스트가 되고 싶기에.

튤립 향기 나는 연주를 하고 싶어요

나는 꽃 중에서 튤립을 가장 좋아한다. 생화도 조화도 심지어 그림이라도 상관없다. 튤립은 보고만 있어도 기분이 좋아진다. 튤립은 때 되면 피어나 향기를 낼 뿐인데, 이를 보는 사람은 그 존재만으로도 기쁘고 튤립이 피어나는 시기를 기다리게 된다.

〈튤립〉은 사람들에게 내 음악도 튤립과 같은 존재가 되기를 바라는 소망을 담아 쓴 곡이다. 내게 음악은 즐기고, 듣고, 위로받는 것 이상의 존재다. 언제나 머리와 귀가 저절로 음악을 향하며 음악이 삶에 가득하다. 이를테면 카페에서 음악이 나오면 어느새 나는 계이름을 읽고, 어떤 리듬으로 곡이 진행되는지를 분석한다. 길을 걸어가다가 새로운 장르의 음악이 들리면 나도 모르게 곡을 분석하며 발걸음을 멈춘다. 드라마나 영화를 봐도 내용보다 음악에 집중해 다 보고 난 다음 줄거리를 모를 때도 있다. 특히 나는 공포 영화를 절대 못 본다. 영화의 서사

보다 음악이 만들어내는 분위기가 내 귀와 심장을 숨 막히게 하는 탓이다.

그래서 나는 음악이 들리는 곳에서 사람을 만날 때면 음악에 귀를 뺏기지 않으려고 애쓴다. 이런 노력은 귀찮은 일이지만, 사실 행복하고 즐겁다. 어디를 가든 음악 없는 곳이 없기에 결국 온 세상이 공부할 것이 가득한 학교인 것이다.

엉뚱한 생각도 해본다. 음악에도 꽃처럼 색상이 있고 향기가 있으면 좋겠다고. 그러면 청각뿐만 아니라 시각과 후각으로도 음악을 즐길 수 있을 테니. 어찌 보면 음악은 아름답게 피어나는 꽃과 같다. 꽃을 보려면 먼저 흙에 씨앗을 심어야 하듯 연주자는 연주할 곡을 정해 귀와 머리, 마음에 품는다. 그리고 흙에 물을 주고 햇빛을 비추는 인내의 과정이 필요하듯 연주자는 오랜 시간 악보를 보며 손가락으로 곡을, 익혀나간다. 이렇게 정성스럽게 가꾼 끝에 마침내 꽃을 볼 수 있듯 연주자는 수많은 연습을 거쳐 피아노 연주를 해낸다.

실제로 나는 곡을 쓸 때도 연주할 때도 피아노와 색상을 연관 지어 생각한다. 이 곡에서는 어떤 색상이 느껴지게 해야 좋을까, 또 다른 색상과 섞으면 어떻게 표현될까

하고 말이다. 실제로 내가 만든 연주에서 향기가 나서 코로 맡아볼 수 있다면 얼마나 좋을까. 나는 오늘도 음악과 함께 즐거운 상상을 펼친다.

음악이 놀이가 되는 곳, 피지에서

별이 쏟아질 것만 같은 밤하늘. 세상이 창조되고 아직 사람의 손때가 묻지 않은 시기의 우리 세상은 피지처럼 맑고 푸르렀을까.

21세가 되던 해, 남태평양 서부에 있는 피지로 봉사 활동을 갔다. 긴 비행 끝에 피지 공항에 내린 다음 다시 차를 타고 한참을 가 한 시골 마을에 도착했다. 그곳에서 어릴 때 살던 밀양과 비슷한 느낌을 받았다. 높은 하늘, 우거진 숲, 넓은 들판 등이 무척 익숙하게 다가오는 농촌이었다.

그런데 본격적으로 활동에 나서려는데 충격적인 말을 들었다.

"피지에 음악 교육이 없어진 지 10년이 되었어요."

현지의 아이들에게 악기 연주하는 법을 가르쳐주려고 왔는데 무얼 어떻게 해야 할까. 계획하고 준비해온 것은 한순간에 백지가 되었다. 음악 교육 자체가 없었다면 아이들이 음악에 대해 무엇을 알고 있는 걸까? '반주를 하려면 익혀야 하는 화성에 대해서는 알고 있을까?' 계획에 없던 이야기에 놀람도 잠시, 상황에 직접 부딪쳐보기로 했다.

악기를 가르치기 위해 만난 아이들은 모두 세 명이었다. 놀랍게도 아이들은 '도레미파솔라시도'를 들어본 적조차 없다고 했다. '어디서부터 가르쳐야 할까?' 예상보다 아이들은 아는 것이 없었다. 그렇지만 당황스러움은 얼른 감추고 나를 만나러 온 아이들의 눈을 바라보며 빠르게 생각을 정리했다.

'가르치지 말자. 이 시간을 함께 즐기자.'

드럼의 울림이 좋다던 아이에게는 박자 나누는 법을 가르쳐주었더니 이내 박자를 조절했다. 피아노 소리를 신기해하는 아이에게는 게임하듯 간단한 코드에 대해 알려주었다. 실수 없이 곧잘 치던 아이는 피아노 건반을 게임기 버튼이라고 생각하는 듯 박자를 세어가며 피아노와 친해졌다. 악기 소리 자체만으로도 즐겁고 신나는데 박자와 코드가 서로 어우러지자 더 즐거워했다. 그 일로 아이가 머리로 알기 전에 좋아하게 하고 즐기게 하는 것이 중요하다는 걸 경험했다. 감동을 느끼고 좋아해서 마음

에서 동기가 우러나면 추진력이 생긴다는 것도 알았다. 그렇게 우리는 여러 날 악기와 함께 놀았다.

이뿐 아니라 '피지 밴드'로 뭉쳐서 한국인 봉사 활동자들과 현지 친구들 앞에서 공연을 펼치기도 했다. 박자가 어긋나고 화음도 맞지 않았지만 신나게 악기를 두드리는 아이들의 모습과 행복해하는 웃음만으로도 음악이 완성되었다. 공연을 듣는 관객들은 이 음악을 마음으로 들었고, 아이들의 연주 모습을 눈에 담았다.

교육의 시작은 인정인 것 같다. 인정이 없는 가르침에는 애정이 있을 수 없다. 부족함을 받아들여야 비로소 가르침의 방법과 방향이 보인다. 가르침의 시작은 교감이다. 높고 낮음의 위치 없이 서로가 같은 입장에서 교감할 때 가르침이 흡수되고 영향력도 생긴다. 음악의 가치는 공감이다. 즐거움과 어려움을 서로 나눌 때 음악은 힘을 발휘한다. 오선지에 새겨진 음표가 음악이 되지만, 음표를 움직이는 건 음악을 연주하는 사람의 마음이다. 훗날 내 제자들과 자녀들에게도 무언가를 가르친다면 배움의 즐거움을 먼저 느끼게 해주어야겠다는 깨달음을 얻었다.

봉사하러 갔지만 음악의 가치를 발견하게 해준 피지. 시골에서 태어나고 자라 맑은 공기를 마시면서 성장한 나조차 피지의 자연은 무엇을 상상하든 그 이상이었다. 특히 밤하늘은 태어나서 처음 보는 색을 띠었다. 아무리 기술이 뛰어나다 해도 인위적으로는 도저히 만들어낼 수 없는 자연의 색이었다. 짙은 밤하늘에 수놓인 별은 바로 눈앞에서 있는 듯 선명하게 빛났고 금방이라도 쏟아질 것만 같았다. 셀 수 없이 많은 별을 보면서 감탄하고 있을 때 현지 선교사님이 곁에 다가와 작은 목소리로 말하셨다.

"옛날에 피지에서는 별빛만으로도 숲속을 걸어 다닐 수 있었대요."

세상의 처음은 모두 이곳 같았겠지. 지구상에 존재하는 나라들의 밤하늘은 피지와 같았겠지.

피지라는 낯선 곳은 나를 새로운 생각과 새로운 세상으로 데려다주었다.

엄마에게 쓴 오선지 답장, 〈엄마의 하루〉

나는 정말 복이 많은 사람이다. 이토록 따뜻하고 다정하고 서로 사랑하는 가정에서 태어나 살 수 있다니. 삶에 대한 태도와 지혜, 긍정과 감수성, 공감…. 많은 것을 유산으로 물려받았는데 이 아름다운 것들이 빛을 잃지 않게 지켜준 것은 엄마의 편지다.

중학교 1학년 때 외가에서 학교를 다니게 되면서 엄마에게 첫 편지를 받았다. 당시 나는 학교 수업을 마치면 바로 연습실로 향했고, 밤까지 연습하느라 평일에는 부모님 얼굴을 잘 뵙지 못했다. 하지만 집에 오면 책상 위에 종종 엄마가 놓고 간 손편지가 있었다. 노트 한 장을 뜯어 초록색 볼펜으로 새긴 엄마의 마음, 딸을 생각하며 남긴 엄마의 흔적은 내가 대학 입시를 치르던 날까지 계속됐다. 덕분에 나는 10대 시절 내내 편지들을 보며 중심을 잡았다.

아직도 첫 편지에 담긴 엄마의 글씨체가 눈에 선하다.

그날부터 그 편지는 내가 대학 입시를 치르던 날까지 매일 가지고 다니는 애장품이 되었다. 이후로도 엄마는 대학 입시를 치르는 날까지 손편지에 사랑을 담아주셨다. 음악 공부를 하기가 쉽지 않던 10대 시절, 앞이 깜깜할 때면 엄마의 편지들을 꺼내 읽으면서 중심을 잡았다.

  서울로 대학을 진학해 물리적인 거리가 멀어졌을 때도 엄마는 휴대전화 메시지로 삶을 나누어주셨다. 때로는 당신의 마음이 담긴 일기를 사진과 함께 보내주시기도 했다. 안타까울 만큼 분주하게 살아온 엄마는 글과 사진에 힘들다는 표현 없이 용기와 사랑만 담아주셨다. 가끔은 '엄마가 글 쓰느라 에너지를 다 소모하면 어떡하지' 하고 걱정될 만큼 공들여 쓴 것이 느껴졌다. 지나가다 만난 예쁜 풍경, 좋은 글귀, 엄마의 생각, 털어놓고 싶은 마음…. 엄마의 메시지는 내가 20대를 버티는 데 큰 힘이 되었다. 시간을 쪼개어 몸을 아끼지 않고 일하시는 것을 잘 알았기에 메시지는 더 감사했다. 엄마의 삶에 내가 존재할 수 있다는 것만으로도.

  엄마의 메시지를 받을 때마다 나는 엄마의 온도에 맞추어 답장을 전했다. 그러다 글로 전하는 답장에 마음이 다 담기지 않아 음악으로 답장을 쓰기 시작했다. 그렇게 탄생한 자작곡이 바로 〈엄마의 하루〉다.

겨울꽃 동백

아파트 화단에 예쁜 꽃망울이 노란 속살을 드러냈습니다.
동백꽃이 참 예쁘게도 웃습니다.
가을에는 입을 꼭 다물고 있었는데
겨울이 오니까 자신의 계절이 왔음을 알려줍니다.
빨간 꽃잎에 둘러싸인 노란 꽃술이 너무나 곱습니다.
비 내린 날에도 예쁜 웃음을 머금고
눈 내린 날에도 환한 미소를 주고

참새 한 마리 꽃잎 위에 잠시 머물러
한 폭의 그림을 만들어
지나가는 사람들의 마음을 정겨움으로 가득 채워줍니다.
세상에는 참 많은 아름다움이 존재합니다.
그 아름다움을 보지도 듣지도 못하고
바쁜 일과 속에 자신들을 주어버립니다.

시곗바늘이 내일을 향해 가고 있습니다.
사랑하는 딸이 무척이나 그리운 밤입니다.

고등학교 졸업하고 서울이란 도시에 대학 공부하라고
딸 홀로 남겨두고 내려오는 발걸음은
왜 그리도 무거웠는지
눈물은 왜 그리도 흐르던지

대학 4년을 아이들 레슨하며
이곳저곳에서 일하며 정말 열심히도 살아온 내 딸,
그 딸이 무척이나 그리운 밤입니다.

언젠가 딸을 보러 갔을 때
잠자는 딸의 발을 밤새 보고 또 봤습니다.
예쁜 20대 아가씨의 발에는 여기저기 군살이 있었습니다.
얼마나 바쁘게 다녔는지 신발 밑이 많이도 닳아 있었습니다.
힘든 내색 한 번 하지 않고 꿋꿋하게 살아준 자랑스런 내 딸,
그 딸이 너무 많이 그리운 밤입니다.

세월이 흐를수록 딸이 더 좋아지는 건

세상 모든 어머니의 마음일까.

때로는 친구
때로는 딸

새벽녘 눈을 감고 가만히 불러봅니다.
사랑하는 딸 아람.
가슴이 시려오는 딸.

 이 편지는 내 인생에서 큰 의미를 지니는 한 편의 시 같은 글이다. 꿈을 향한 포부는 그 누구보다도 크고, 버틸 각오도 되어 있었지만, 어떤 길로 어떻게 가야 할지 도저히 방법을 알 수가 없어 헤매던 시기에 받은 편지였다. 무대에서 많은 사람을 만나고 싶고, 내 마음을 피아노에 담아 전하고 싶었다. 그러나 이제 갓 대학을 졸업한 사람이 할 수 있는 것은 별로 없었다. 유학? 대학원? 더 이상 학교 안, 책상 앞에서 20대를 보내고 싶지 않았다. 공부는 스스로 해도 되고 언젠가 다시 할 수 있지만 20대 청춘은 절대 다시 돌아오지 않는다는 것을 잘 알기에 가장

에너지가 넘치고 젊을 때 피아노와 함께 세상에 서고 싶었다.

아무도 나를 알아주지 않는 것 같던 그 시절, 엄마의 편지는 천군만마였고 전쟁터에 나가기 전 갖춰 입는 전신 갑주였다. 다윗이 골리앗과 싸우기 위해 물맷돌 하나를 들고 나가 승리한 것처럼 엄마의 편지가 있으면 나는 결국 이길 수 있을 것 같았다. 여전히 길은 보이지 않지만 길을 찾아낼 수 있을 거라는 용기가 샘솟았다.

매화꽃

길가의 매실나무에 예쁜 매화가 활짝 피어서
바쁜 사람들의 눈길을 머물게 하네.

아직은 피어야 할 계절이 안 되었는데
남은 겨울을 어떻게 견디려고
벌써 꽃망울을 터뜨렸을까.

찬바람이 스쳐갈 때면 꽃잎을 파르르 떨고 따뜻한 햇볕이

와 닿으면

언제 떨었냐는 듯

꽃술에 잔뜩 힘을 주네.

바쁜 일상에 쫓기다가

계절을 잊은 듯한 매화꽃 몇 송이에

온통 마음이 빼앗겨서 한참을 서서 바라보다

꽃보다 더 예쁘고 착한 딸, 나의 공주를 떠올리며

어느새 나의 입가엔 미소가 한가득

우리 공주는 오늘도 자신의 꿈을 향해

발걸음을 옮기고 있겠지.

 엄마는 어릴 때부터 종종 나를 '공주'라 부르셨고, 대학을 입학하던 스무 살부터는 휴대전화에 '글로벌 딸래미'라고 저장해놓으셨다. 전화를 걸면 "글로~벌 딸래미, 안녕?"하셨다. 휴대전화에 글로벌 딸래미라고 뜨면 전화를 받기 전에 저절로 기도부터 된다고 하시면서 말이다. 공주 같지 않은 외모에, 전혀 글로벌 하지 않은 상황인데도 엄마는 엄마의 방법대로 엄마가 할 수 있는 최선 안에서 꿈길에 동행해주셨다. 나보다 한 걸음 앞에 서서 끌어주기도 하시고, 내 뒤에서 밀어주기도 하시면서.

그런데 신기하게도 처음엔 "공주~ 글로벌 딸래미"라는 호칭이 어색하기만 했는데, 계속 들으니 어느새 내게 잘 어울리는 것처럼 자연스러워졌다. 이전까지는 그 호칭이 나와는 어울리지 않고, 너무 거리가 멀다고 여겼는데 말이다. 엄마의 긍정 에너지가 전해져서일까. 그 덕분에 '그럼에도 불구하고' 꿈에 닿을 수 있을 것 같았다.

딸을 부르는 엄마의 호칭에는 힘이 있었다. 자존감을 높여주는 힘, 자신감을 부어주는 힘. 내면에서 속삭이는 깨달음도 있었다.

'아, 난 원래 자존감이 낮고, 자신감이 부족한 사람인 줄 알았는데, 없는 게 아니라 숨어 있었구나!'

말의 힘, 긍정적인 마음의 힘에는 경험해본 사람만이 알 수 있는 생기와 에너지가 존재한다.

나는 엄마 덕분에 알게 된 말의 힘을 세상에 나누는 아티스트가 되고 싶다는 꿈을 꾸기 시작했다. 말로 누군가를 살릴 수 있는 능력은 없지만, 누군가의 삶에 작은 생기를 불어넣을 수 있다는 믿음을 가지고. 그래서 천천히 글을 쓰기 시작했고, 일상에서 말할 때도 내 말이 타인에게 어떤 씨앗이 될지를 고려하게 되었다. 세대가 변하면서 예쁜 우리말이 달라지고 변질되고 있다는 생각을 많이 한다. 그래도 그 안에서 희망적이고 긍정적인 언어들을 찾아 지키려고 애를 써본다. 엄마에게 받은 마음은 그렇게 나의 말과 글 그리고 음악 사이에 흐르고 있다.

제비

큰 집 처마 밑에 제비가 집을 짓고 알을 낳아서
네 마리의 새끼 제비가 식구가 되었네.
두 마리는 집에 있고
두 마리는 비행 연습 중.
우리 딸은 오늘도 꿈을 향해 비행하고 있겠지.

꿈이 있다고 곧바로 훨훨 날아오를 수 있는 것은 아니다. 넘어질 때도, 멈추어 있을 때도, 다른 방향으로 갈 때도, 이 길이 아님을 알아차리고 방향을 돌려야 할 때도 있다. 언젠가 엄마는 말씀하셨다. "하늘을 날아야만 비행이 아니라, 네가 겪고 있는 모든 일과 시간이 비행"이라고.

걸어가는 길이 힘들게 느껴질 때 국어사전이 아닌 나만의 사전 속 의미를 되새긴다. 용기를 낼 이유를 그렇게라도 찾는다. 그리고 엄마의 조언처럼 '과정도 비행'이라는 말을 떠올린다. 그렇게 비행의 의미를 넓게 생각하면 힘든 시간도 소중하고 가치 있게 느껴진다.

나팔꽃

작년 가을 동네 초등학교 울타리에
예쁜 나팔꽃이 많이도 피어 있었지.
꽃잎마다 동글동글 씨앗이 영글었지.
씨앗 한 움큼 따다가 시골에 홀로 사시는 할머니 집
앞마당에 심었는데
감사하게도 올해 봄 싹이 나더니
하늘 높이 올라가려는 듯 지붕 위까지 넝쿨이 뻗어
꽃이 피기 시작했다네.
나팔꽃잎 하나에 꽃 한 송이

어느 날은 다섯 송이 어느 날은 열두 송이
찾아뵐 때마다 꼬부랑 허리의 할머니는
입가에 미소를 머금는다.

나팔꽃을 보면 꼭 우리 손자들 얼굴 같다는
할머니의 주름 많은 얼굴엔 환한 미소 넘치네.

잎 하나마다 자기보다 큰 나팔꽃 하나씩 매달고
바람이 불면 힘겨워하면서도
이파리는 꽃을 위로한다.

이파리는 자기 자리를 늘 지키고 있지만
꽃은 하루를 피었다가 생을 마감한다.

꽃은 이파리와의 이별이 아쉬운 듯
오므라들면서도 예쁜 자태를 뽐낸다.

나팔꽃 몇 송이를 보면서 짧은 생애 속에서 많은 이에게
기쁨을 주고 가는 걸 배워본다.

우리 딸, 생각 많은데
하루 피었다 지는 나팔꽃도 이들에게 기쁨을 주잖아.
긴 인생 중의 잠깐이라고 생각하자.

내가 가장 믿고 상담할 수 있는 사람은 바로 부모님이다. 중요한 선택을 해야 하거나 고민이 생기면 우선 혼자 충분히 생각한 다음 부모님을 찾아간다. 그럴 때마다 두 분은 이런 말씀을 많이 해주신다.

"네가 하려는 선택이 거짓 없이 진실 되고, 너만을 위한 것이 아니라 다른 사람도 위하는 것이라면 해봐."

"뭐든 억지로 하지 말고 자연스럽게, 물 흘러가듯 해야 해. 딸이 행복해야 딸의 음악을 듣는 사람도 행복하단다. 우리는 딸을 믿어."

그리고 선택의 결과가 좋지 않고, 잘못된 과정을 겪어 후회를 할 때면 이렇게 말씀해주신다.

"긴 인생 중 잠깐이야."

아빠에게 바치는 곡, 〈아빠의 하루〉

이 책을 쓰면서 〈아빠의 하루〉라는 곡을 만들었다. 내게 아빠는 위대한 선생님이자 존경하고 닮고 싶은 멘토다. 엄마가 감성과 표현력을 가르쳐주셨다면 아빠는 강한 정신력과 도전 정신, 개척 정신을 알려주셨다. 그런 아빠의 면면을 곡에 반영했다.

어린 시절 나는 너무나 내성적이었다. 무대를 마음껏 즐기는 지금의 나를 아는 사람이라면 상상하기 어려울 만큼. 하지만 그때 나는 겁이 많았고 심지어 일상생활에서 낯선 이와 대화하는 것조차 두려워했다. 아빠는 그런 나를 말로 꾸짖거나 다그치지 않고 여러 경험을 통해 변화하고 성장할 수 있도록 가르치셨다. 내가 과연 부모가 되었을 때 아빠처럼 할 수 있을까 생각할 정도로 아빠는 정말 지혜로우셨다.

낯선 거리를 무작정 두려워하지 말자

낯을 많이 가리고, 특히 처음 보는 사람 앞에서 말할 때면 덜덜 떨기까지 했던 내게 어느 날 아빠가 임무를 하나 맡기셨다. 그건 전화 연결이었다. 내가 초등학생 때만 해도 집에서 유선 전화기를 사용했고, 발신자 번호 표시 서비스가 없던 시절이라 전화를 건 사람이 자신을 밝히는 게 보통이었다. 이 일을 내게 맡기신 것이다.

예를 들면 이렇다. 아빠가 "아람아, OOO 아저씨 댁에 전화 걸어서 아저씨 좀 바꿔줄래?" 하고 말씀하시면 나는 그 댁에 전화를 걸어 "안녕하세요. OOO 댁인데요. 아저씨 계세요? 저희 아버지 바꿔드릴게요"라고 말한 다음 아빠에게 수화기를 넘겨드렸다. 얼굴이 보이지 않는 전화 통화였지만 내성적인 내가 어른을 상대로 이야기하는 것은 쉽지 않았다. 하지만 여러 번 하다 보니 전화를 걸어 아빠에게 넘겨드리는 임무를 잘 완수했다는 생각이 들면서 신기하기도 하고 뿌듯하기도 했다. 얼마 뒤에는 그 일에 익숙해졌고, 나중에는 낯선 사람을 만나는 일을 예전만큼 두려워하지 않게 되었다.

이 일을 계기로 알았다. 두려움을 이기려면 두려움을

가졌다고 자책하거나 무작정 그 감정을 없애려 하기보다 두려움의 반대 감정을 이끌어낼 수 있는 행동을 시도하는 것이 도움된다는 것을. 두려움이 적막하고 깜깜한 밤하늘이라면 두려움의 반대 감정은 밝은 빛을 내는 별과 같다. 별은 크기와 숫자에 상관없이 빛을 뿜어낸다. 희미하고 작더라도 빛은 어둠을 이길 수 있다.

못 하는 것이 아니라, 해보지 않은 것일 뿐이야

부모님은 동네 어르신들을 자주 찾아뵙고 돌봐드리곤 하셨다. 그중 오랫동안 찾아뵈었던 한 할머니의 따님이 종종 우리 집에 놀러 오셨다. 대구에 살던 그분은 시골에서 피아노 공부를 하고 있는 나를 응원해주셨고, 나중에는 대구로 피아노 레슨을 받으러 다니면 어떻겠냐며 한 선생님을 소개해주셨다. 우리 집 형편을 안 선생님은 적은 비용으로 레슨을 해주기로 하셨다.

  첫 레슨 때는 마냥 좋았다. 아직 철없던 중학교 1학년 때라 엄마와 함께 다른 지역을 다녀오는 것이 마치 여행을 가는 듯 신났다. 그런데 두 번째 레슨 날 아빠가 역에 주차를 하시더니 "오늘은 아람이 혼자 다녀와라" 하고 말씀하시는 게 아닌가. 예고 없이 갑자기 들어온 미션이라니. 조수석에서 내릴 생각조차 없는 엄마의 모습을 보자 나는 온 얼굴과 귀가 시뻘게졌고 심장도 미친 듯이 요동쳤다.

표를 끊어 기차를 타고, 또다시 버스로 갈아타서 선생님 댁으로 가는 것은 소심한 내게 모험이자 도전이었다. 하늘이 무너지는 것 같았으나 내가 매달린다고 마음을 바꿀 아빠가 아니라는 걸 알기에 발걸음을 역으로 옮겼다. 난생처음 혼자 기차를 타는 게 쉽지 않았지만 어차피 가야 할 길 아닌가. 나는 스스로 감정을 다독이면서 곧 있을 레슨을 준비하기로 하고 악보에 눈을 돌렸다. 그러다 보니 어느새 동대구역에 다다랐다. 엄마와 탔던 버스로 갈아타자 조금씩 안심이 되었다. 점차 창밖 풍경도 눈에 들어오고 기분도 나아졌다. 처음이 어려워서 그렇지 그다음에 레슨을 받으러 가는 길은 더 수월했다.

나중에 어른이 되어서 당시 일을 부모님과 이야기한 적이 있다. 그제야 뒤늦게 알게 된 사실인데, 그날 아빠도 무척 걱정하셨지만 내 앞에서 태연한 척하신 거란다. 그리고 기차역 안으로 나를 들여보낸 다음 엄마가 몰래 내 뒤를 따라오셨다고 한다. 두 분은 매주 나와 동행하며 모든 것을 다 해주는 것이 바람직하지만은 않다고 생각해 내게 스스로 할 수 있는 용기를 주기로 결심하신 것이다. 그렇게 도전하고 성공하는 경험을 한 덕분에 나는 홀로 설 수 있었다.

교만하지 않도록 늘 조심하자

본격적으로 음대 입시를 준비해 나는 인문계 고등학교에 진학했는데 예술 고등학교 학생에 비해 무대에서 연주할 기회가 드물었다. 그때부터 스스로 무대를 찾으며 콩쿠르에 도전하기 시작했다. 여러 사이트를 검색해서 인근 도시에서 열리는 콩쿠르에 신청서를 냈다. 보통 대회 당일이면 부모님이 직접 콩쿠르 장에 데려다주셨지만, 상황이 안 될 때는 혼자 기차를 타고 참가했다. 중학교 때부터 대구로 레슨 다니는 데 익숙해진 덕분에 가능했던 일이다.

 콩쿠르에 참가한 것은 무엇보다 무대 경험을 늘리고 싶어서였다. 무대에 오르면 누구나 떨리고 긴장된다. 그럴 때 어떻게 대처할지는 직접 무대에 오르지 않고서는 알 수 없지 않은가. (내성적이고 소심한 성격을 고치지 않았다면 이런 생각을 할 수 있었을까.) 그렇게 수상보다는 무대 경험에 목적을 두었기에 부담이 적었고, 덕분에 무대 위에서 즐기며 연주할 수 있었으며 종종 뜻하지 않게 좋은 성적을 거두기도 했다.

여러 콩쿠르 중 규모가 너무 커서 기대조차 하지 않았던 대학 콩쿠르가 있었다. 다들 부모님과 오거나 친구와 같이 참석했는데, 나는 애초에 부모님께 혼자 가겠다고 말씀드리고 갔었다. 그런데 말도 안 되는 일이 일어났다. 내가 1등을 한 것이다. 얼른 아빠에게 전화를 걸어서 들뜬 목소리로 기쁜 소식을 전했다.

"아빠, 저 1등 했어요."

아빠는 낮고 잔잔한 목소리로 짧게 축하해주시더니 금방 전화를 금방 끊으셨다. 그러곤 곧바로 문자 메시지를 보내주셨다.

"축하한다. 감사 기도 먼저 드리고 짧게 기뻐하고 얼른 제자리로 돌아와라. 겸손해라."

아빠는 들뜬 칭찬보다 묵직한 겸손을 가르치셨다. '내가 자랑스럽지 않으신 걸까? 아빠는 기쁘지 않으신 걸까?' 싶기도 했다. 하지만 이내 이렇게 생각했다. '내가 아는 아빠는 다 뜻이 있으시니까 내가 그 마음을 미처 헤

아리지 못할 뿐이겠지.' 나중에 집에 돌아와 엄마 이야기를 듣고서야 아빠의 진심을 알았다.

"아람아, 너한테는 담담하게 말했지만 전화 끊고 아빠가 너무 좋아하셨어. 너를 위해 그렇게 표현한 것뿐이야. 엄마와 아빠 모두가 칭찬만 하면 네가 자신도 모르게 교만해질 수 있다고 생각하셔서 아빠도 참으시는 거란다."

아빠는 우리 삼 남매에게 교만은 죄라고 가르치셨다. 교만은 사람을 아주 이기적으로 만드는 무서운 존재다. 교만이 진짜 무서운 것은 자신도 모르는 사이에 마음속에 스며들 수 있고, 결국 그 때문에 넘어질 수 있어서다. 그래서 늘 조심해야 한다.

또한 아빠는 나중에 내게 설명해주셨다. 현장에서 바로 결과 발표가 나는 콩쿠르에서 1등으로 호명된 내가 넘치게 기뻐하면 다른 친구들 심정이 어떻겠냐고 말이다. 2등, 3등 한 친구들도 있을 테고 수상하지 못한 친구들도 많을 텐데 그 친구들을 조금만 배려하면 좋겠다는 말씀도 덧붙이셨다.

여태껏 아빠는 단 한 번도 "너는 이런 점이 문제야. 이런 부분을 고쳐야 돼"라고 직접적으로 알려주기보다는 "이렇게 해볼래?"라는 식으로 스스로 움직이게 하셨다.

물론 내가 지나치게 말도 안 되는 주장을 펼 때는 단호하게 잡아주셨지만. 이런 아빠의 가르침은 나를 성숙하게 만들어주었다.

사람의 마음에는 언제나 어린아이가 존재한다. 어른이라고 생각하는 나이가 되어도 숫자상 어른일 뿐이지 마음에는 늘 어린아이를 간직하고 산다. 어떤 사람을 어른이라고 하는 걸까? 나는 어떤 어른이 되어가고 있는 걸까? 많은 일을 겪은 어른이라도 경험을 어떻게 받아들이고 살았는지가 중요하다. 마냥 기쁨에 취하고, 교만을 무서워하지 않고 겸손하지 않았다면 지금 난 어떤 어른이 되어 있을까. 아빠의 딸로 태어나서 감사하다. 아빠는 딸이 행복하기를 바라시며 좋은 사람이 되는 길을 안내해주셨다.

그래서 나는 결정 내리기 어렵고 고민되는 일을 만나면 늘 아빠를 떠올린다.

'아빠라면 어떻게 하라고 하실까? 아빠라면 어떻게 하실까?'

아빠, 감사합니다. 사랑합니다!

음악에 기댄 이야기

홀로 아리랑
작사·작곡 한돌

몇 년 전 소중하고 의미 있는 무대에 선 적이 있다. 폐업한 소상공인 사업자와 탈북민을 대상으로 2박 3일간 진행되는 힐링 캠프의 강사가 되어 위로를 전하는 자리였다. 처음에는 연주만 제안받았는데 아무리 생각해도 내 연주만으로는 청중을 위로하기가 쉽지 않을 듯했다. 사실 나보다 훨씬 더 오랜 시간 어려운 인생길을 걸어오신 분들에게 아직 젊은 내가 무슨 위로를 할 수 있겠는가. 연주만으로는 캠프 참가자들의 마음을 깊이 다독일 수 없었다.

행사 취지대로 치료가 가득한 시간을 선물할 방법을 고민하던 나는 담당자에게 첫날 저녁에 신청곡과 사연을 받아달라고 부탁했다. 담당자가 신청곡과 사연을 보내주면 밤새 연습해서 이튿날 프로그램을 진행했다. 짧은 시간 동안 준비할 수 있는 곡은 직접 연주를 하고, 단시간 내에 소화하기 어려운 곡은 신청한 사연을 소개하고 다른 음악으로 위로를 전했다. 그때 들은 수많은 사연 중 마음에 오래 남는 사연이 있다. 북한에 사는 막내딸과 이별했던 시간이 너무 힘들었다는 내용이었다.

그리고 사연의 주인공은 스스로에게 하고 싶은 말을 남겼다. '아무리 힘들어도 이 순간이 지나고, 인내하고 노력하면 더 나은 내일이 있다고 믿고 열심히 지금처럼 살라고 다독이고 싶습니다'라고. 또한 '〈홀로 아리랑〉을 듣고 싶습니다'고 덧붙이셨다.

무대에서 이 사연을 읽은 뒤 나는 청중석에 앉아 있을 그분을 위해 온 마음을 담아 손가락을 눌렀다. 그 순간 〈홀로 아리랑〉은 막내딸을 그리워하는 음악이 되어 공연장을 가득 채웠다. 가사와 멜로디를 선명하게 전하고 싶은 맘으로 잔잔하게 1절 연주를 마무리하고 2절을 시작할 즈음, 희미한 목소리가 귓가에 들리기 시작했다. 울음이 섞인 한 어머니의 목소리였고, 그 목소리에 이어 더 많은 목소리가 더해졌다. 연주를 시작하기 전에 같이 노래를 부르자고 제안한 것도 아니었건만 그 자리에 있던 모두가 사연의 주인공이 된 것처럼 같이 노래하고 울었다. 그때 나는 신디사이저로 연주하던 중이라 청중석과 마주한 채 연주 중이었는데 어두운 조명 사이로 사연의

주인공을 알아차릴 수 있었다. 서로 눈을 맞추며 눈물로 연주하고, 눈물로 노래했던 그날 밤, 우리는 모두가 사연의 주인공이었고 연주자였다. 뜨거운 공감과 교감이 이루어진 기억에 남는 무대였다.

저 멀리 동해바다 외로운 섬
오늘도 거센 바람 불어오겠지.
조그만 얼굴로 바람 맞으니
독도야 간밤에 잘 잤느냐.

아리랑 아리랑 홀로 아리랑
아리랑 고개를 넘어가보자.
가다가 힘들면 쉬어 가더라도
손잡고 가보자 같이 가보자.

백두산 두만강에서 배 타고 떠나라.
한라산 제주에서 배 타고 간다.
가다가 홀로 섬에 닻을 내리고
떠오르는 아침 해를 맞이해보자.
아아 아아 아리랑 고개 넘어가보자.

가다가 힘들면 쉬어 가더라도
손잡고 가보자 같이 가보자.

　마지막 음을 연주하고 홀로 아리랑 연주가 마무리되었는데 긴 여운이 공기 중에 맴돌았다. 연주가 끝났어도 아무도 박수를 치지 않았다. 더 이상 음악은 들리지 않았으나 각자의 마음이 음악이 되어 공기를 채웠다.

　행사 참여자들은 각자 다른 이유로 그곳에 왔겠지만, 한 사람의 이야기와 음악으로 잠시나마 모두가 같은 감정과 기억을 공유했다. 나 또한 음악에서 쉽게 빠져나오지 못해 한동안 건반을 바라보다가 겨우 진행을 이어갔다. 공연이 끝나고 사연의 주인공인 어머니가 무대 뒤로 나를 찾아오셨다. 그때 울먹이며 내게 건넨 말씀이 아직도 귓가에 맴돈다.

　"아람 씨, 우리 딸이랑 나이가 비슷해 보이네요. 딸이 너무 보고 싶었는데 오늘 고마웠고, 평생 아람 씨 응원할게요. 정말 고마워요…."

　어머님은 내 품에 안겨 한참 눈물을 흘리셨고, 우리는 어머님을 박수로 위로했다.

　사실 인사는 용기를 내주신 그 어머니가, 위로를 선물

해준 음악이 받아야 마땅했다. 나는 그저 음악의 힘을 잠시 빌렸을 뿐이니까. 음악에 또 한 번 감사했다. 나를 위로를 전하는 사람으로 만들어주었으니 말이다. 음악의 힘을 느끼게 해준 모든 이들에게도 감사했다.

숲속의 오솔길 Promenade Dans Les Bois

리처드 클레이더만 Richard Clayderman

숲속에는 많은 길이 있다.

오솔길

빨리 가는 지름길

예쁜 꽃이 피어 있는 길

누군가의 발걸음이 느껴지는 길

길이 없어서 만들면서 가야 하는 길

나는 오늘 어떤 길을 걸어가고 있는 걸까.

어떤 길이 좋은 길이라는 정답이 있는 걸까.

지름길은 목적지에 빨리 도착할 수 있어서 좋지만

빠른 속도 때문에 숲속의 아름다움을

눈에 담기 힘들 것이다.

빨리 걷다 보면

맑은 공기를 천천히 마실 여유도 갖기 어렵고

잠시 앉아 꽃과 식물을 바라보는 즐거움도 없으며
어떤 땅을 밟았는지도 기억하기 어렵다.

흔적 없는 땅에서 길을 만들며 가느라
내가 나아가는 길이 곧 길이 되는 걸음을 걷고 있다면
숲속에 대해 누구보다 넓고 깊게 이해하고 있을 것이다.
비록 속도가 조금 느리다 해도,
물어볼 이 없어 외롭다 해도,
길에서 만난 꽃과 풀들, 낮과 밤이 친구가 되어줄 것이다.

가파른 길을 걸어가느라 숨이 차고
오르막길을 오르느라 다리가 아프고
때로는 숨이 막히고 답답하고 불안해서
눈물이 나기도 한다.

그럴 때 가지는 쉼이 진정한 쉼이라고 생각한다.
쉼의 소중함을 만끽할 수 있으며
잠시 쉬어 가는 순간과
잠시 앉아 있는 그곳이
평생 나의 삶의 중심이 되어줄 수도 있다.

우리 삶에서 속도는 참 중요하다.
꿈을 찾고 꿈을 발견하고 꿈을 향해 가는 속도.
프로젝트를 완성해내는 속도.
목표를 이루어가는 속도.

속도만큼 중요한 것이 방향인데,
처음부터 옳은 방향, 내게 맞는 방향, 내가 원하는 방향,
내가 행복한 방향을 아는 사람이 몇 명이나 있을까.

시골에서 산으로 들로 뛰어놀며 그저 피아노가 좋아서
피아노를 공부했던 꼬마가
피아니스트가 되고 싶어 걸었던 길에는
정말 많은 풍경들이 펼쳐졌었다.

음악을 전공하는 것이 무엇인지.
얼마나 치열한 세계고, 얼마나 잘해야 하는지.
아는 것이 없었던 나의 학창 시절,
다른 시선에서는 무식해 보일 수도 있고,
터무니없어 보일 수도 있지만
들어보거나 아는 이론이나 지식이 없었기에

피아노를 향한 나의 순애보가 가능했다.

피아노만 있으면 시간 가는 줄 몰랐고
하얀 것은 종이요, 검은색은 음표라는 것만 알고
악상 기호, 아티큘레이션articulation에 대해서도 몰랐던
시기가 길었기 때문에
나만의 음악을 가지게 된 건지도 모른다.

많은 전공자가 훌륭한 선생님, 대학 교수님,
전문 레슨 선생님에게 자주 가르침을 받는 것을
대학에 진학해서 알고 많이 놀랐지만 개의치 않았다.
나는 문아람스럽게 문아람스러운 음악으로
문아람의 길을 걸어가고 있으며
내가 행복하다면 내게 가장 잘 어울리는 길이라는
확신이 늘 있었기 때문에.

숲속을 걷는 상상을 해본다.
길을 따라 걷다 보면
숲속에 살고 있는 동물들을 만나기도 하고
우거진 나무들 사이에서 피어난 꽃,

꽃들 사이에 고개를 내밀고 있는 풀,
나뭇가지와 잎 사이로 보이는
하늘과 구름을 만나기도 한다.

숲길을 걷는 동안 시선을 어디에 둘 것인지,
무엇을 향할 것인지는 나의 선택이다.

나는 거리라는 숲속에서
피아노라는 예쁜 꽃과 함께
많은 사람들을 만나 연주했고,
숲속에서만 들을 수 있을 것 같았던
새소리, 물소리, 바람 소리는
자동차 소리, 상가의 음악 소리,
사람들의 이야기 소리와 함께
음악이 되어 다가와 나와 연주해주었다.
지금 내가 서 있는 곳은
숲속 어디쯤인가.
무엇이 내 곁에 있는가.

숨을 크게 마시고

예쁘게 핀 친구라는 꽃을 바라보고
가족이라는 나무에 기대어보고
자존감이라는 땅을 밟아보고
음악이라는 하늘을 바라보자.

다른 사람은 어떤 길을 걷고 있는지 비교하기보다
얼마나 빠른지 속도에 조급해하기보다
무엇과 함께하고 있는지
내 주변에 어떤 아름다움이 있는지
나는 얼마나 행복한 존재인지를 바라보자.

레인보우 브리지 | Rainbow Bridge

스티브 바라캇 Steve Barakatt

나는 많은 감정 속에 살았다.
감정을 다스리기보다 감정 속으로 들어가고,
감정에 푹 빠져서 헤어 나오지 못할 때도 있고,
종종 타인이 겪은 감정이나 경험을 듣기만 해도 빠르고
깊게 공감이 되어버려서
에너지가 완전히 소진되는 경우도 많았다.

그런 나에게 사람들은 예민하다거나
공감 능력이 뛰어나다고 하는데
나는 그저 타인에 비해 감정들과 조금 많이 친하다고
표현하고 싶다.

〈레인보우 브리지〉는 내가 피아노를 사랑하게 도와준
인생 곡이다.
클래식을 전공했지만 클래식은 내게 숙제 같았다면

〈레인보우 브리지〉는 공부가 아닌
사랑스러운 대상으로 다가왔고,
그래서 이 곡을 그 누구보다 잘 표현하고 싶은 마음을 담아
깊고 깊게 음악 안으로 들어갔다.

음악도 선율도 화성도 훌륭하지만
레인보우 브리지,
그러니까 무지개라는 제목에 마음을 먼저 빼앗겼다.

살아가면서 직접적·간접적으로 겪는 나의 감정에는
장점도 있고, 단점도 있는데
장점보다 단점에 더 많은 시선을 빼앗길 때가 많았다.
하지만 이 곡을 만나고부터는
단점을 그저 색깔이 다르다고 표현하게 되었다.
무지개가 아름다운 것은 한 줄기 빛에
여러 색이 깃들어서니까.

   그래서 나는 무대에서 이 곡을 연주할 때마다 말한다.
  "우리 삶에는 다양한 일이 일어납니다. 예상치 못한 일과 마주할 때도 있고, 계획한 일이 제대로 되지 않을 때

도 있으며, 때로는 너무나 갑작스럽게 찾아온 일이 우리를 기쁘게도 하고, 슬프게도 합니다.

그 일들로 인해 우리는 여러 사람과 마주하고, 다양한 감정을 느끼죠. 저는 우리가 경험하는 감정들마다 각각의 색깔이 있다고 생각해요. 삶이 우리가 바라는 대로만 된다면 과연 기쁠까요? 행복할까요?

글쎄요. 저는 다양한 색깔의 일이 일어나기에 우리 삶이 아름답다고 생각해요. 그리고 이 세상에 똑같은 감정이란 없다고 생각합니다. 마치 똑같아 보이는 색깔도 각각 채도와 명도가 다르듯이요. 무지개가 한 가지 색깔로만 되어 있다고 상상하면, 물론 아름답긴 하겠지만 무지개가 무지개인 까닭은 일곱 가지 색깔이어서가 아닐까요? 사실 일곱 가지 색깔 사이사이에도 무수한 색깔들이 또 존재하겠죠? 여러 감정이 우리 삶에 있기에 아름다운 거라 생각해요.

마법의 성
작사·작곡 더 클래식

즐겨 하는 취미 중에 '계획하기'가 있다.
반드시 다 지키는 능력은 부족하기에
계획이 계획에 그칠 때가 많지만
계획하는 그 순간 자체가 행복해서 계획을 하곤 한다.

1년을 계획하고
분기별로 계획하고
한 달을 계획하고
일주일을 계획하고
내일을 계획한다.

계획을 할 때면 항상 '상상하기'를 한다.
한 해 동안 이루고 싶은 목표를 계획하면서
이루었을 때를 상상하고
한 달 동안 작곡할 곡들의 제목을 기록하면서
완성된 음악을 상상하고

일주일 동안 채워질 빈 오선지를 보면서
음표들이 건반에서 연주될 때의 희열을 상상한다.
상상하는 것만으로도 생기가 솟아나고
에너지가 생기는 현상은 마치 기적 같다.

잘 생각해보면 기적은 늘 가까이에서 일어나고 있다.
아침에 눈을 뜨고 편안하게 잠을 이루는 일상이
기적이고, 마법이다.
각자 다른 인생을 살아온 연인이
서로 같은 마음으로 사랑하는 것도 기적이고
음식을 먹고 소화가 잘되는 것도 기적이다.

기적으로 가득한 우리 앞에 펼쳐진 삶은
그 자체로 너무나 소중하다.

〈마법의 성〉 가사처럼.

   자유롭게 저 하늘을 날아가도 놀라지 말아요.
   우리 앞에 펼쳐진 세상이 너무나 소중해 함께라면.

등대지기
작자 미상

사전에서는 등대를 이렇게 정의한다.

　[등대]
　1. 항로 표지의 하나. 바닷가나 섬 같은 곳에 탑 모양으로 높이 세워 밤에 다니는 배에 목표, 뱃길, 위험한 곳 따위를 알려주려고 불을 켜 비추는 시설.
　2. 나아가야 할 길을 밝혀주는 사람이나 사실을 비유적으로 이르는 말.

바다에는 많은 것이 있다.
배와 사람
달그림자와 파도
바다 속에서 살아가는 생명들
다녀가는 새와 물결
등대, 그리고 등대를 지키는 사람

삶이 바다라면

나는 삶을 비추는 등대고.

등대를 지키는 등대지기다.

오늘 나의 등대는 무엇을 비추고 있고

어디를 비추고 있는지 묻는다.

노래는 말했다. 등대를 지키는 사람을 거룩하다고.

그 사람의 마음이 아름답다고.

사랑이라고.

조용한 날들 Les Jours Tranquilles

앙드레 가뇽 Andre Gagnon

바쁘고 빠른 시대에 살고 있다.
변화의 속도도 빠르고 시대 흐름도 빠른데 삶도 바쁘다.

하루를 살아내느라 분주하고
사람들과 삶을 공유하느라 바쁘고
일을 하느라 정신이 없고
공부하느라 여유가 없고
많은 일을 겪느라 바쁘게 살아가고, 살아내고 있다.

바쁜 날들 속에
온전히 나를 생각해주고 나와 대화하는 시간을
얼마나 가지고 있었는지 돌아볼 때면
앙드레 가뇽의 〈조용한 날들〉이 떠오른다.

하루를 보내다 보면 원치 않는 소리를 들을 때도 있고

들어야 하지만 유쾌하지 않은 소리를 들을 때도 있다.

세상의 소리가 메시지가 될지 소음이 될지
흐르는 물처럼 지나갈지 고여서 머무를지,
소리는 귀가 듣지만 마음이 판단하고
머리가 선택할 수 있다.

분별이 잘 되지 않고
내 마음을 들여다보기 어려울 때
잠시 조용하게 머무르기를 선택한다.
고요함이 주는 어색한 공기가 편안해지고
그 시간에 집중할 때 얻게 되는 힘이 있다.

바쁨 속에 멈춤
빠름 속에 느림
조용한 시간을 곁에 두고 지냈었는지 돌아본다.

감사
작사·작곡 김동률

행복과 감사는 우리 가까이에 있다. 특별히 감사할 일은 이벤트처럼 대놓고 찾아오기도 하지만, 생활에 큰 변화가 없어서 알아차리지 못하는 작은 감사도 많다. 일상과 사람, 맑은 날씨와 계절의 변화…. 이런 당연한 것에서 감사를 찾으면 매일 넘치도록 감사할 수 있다. 무엇이든 과하면 좋지 않다고 하지만 감사만큼은 과해도 좋지 않을까.

나는 감사할 일이 '일어나지' 않으면 '찾아서' 감사하곤 했다. 낙심되는 상황에서도 감사할 거리를 찾으면 감사가 주는 힘 덕분에 버티게 되고 내 삶이 괜찮아 보였다. 할 수 있는 게 없을 때는 걸을 수 있다거나 손이 크고 손가락이 길다거나 자연을 보고 느낄 수 있다는 데 감사했다. 감사하는 마음을 먹으려고 노력하는 나의 마음에 감사하기도 했다.

대학교에 다니던 시절, 여러 곳에 레슨을 다니느라 버

스와 지하철을 많이 갈아탔다. 그러다 보니 비 오는 날을 좋아하지 않았다. 우산과 가방 들기도 벅찬데, 악보까지 따로 챙기느라 늘 정신없었기 때문이다. 악보를 가방에 넣었다가 혹시라도 빗물이 스며 거기에 적힌 내용이 번지면 큰일이라 그래야만 했다. 겨우겨우 레슨하는 집에 도착하더라도 민망한 일이 많았다. 곱슬머리는 부풀어 올라 지저분한 데다가 비에 양말이 젖어 있는 경우가 대부분이었다. 그럼에도 잠시 숨을 고를 시간이 생기면 나는 창밖을 바라보며 생각했다.

'비가 무슨 잘못이 있나….'

비가 내려야 땅이 가물지 않고 자연이 살 수 있다. 또 비가 내려서 불편하기는 해도 그건 잠깐일 뿐, 이런 날에도 내가 가르칠 학생과 나를 믿어주는 학부모가 있다는 것이 감사했다.

감사의 주체는 상황이 아니라 마음가짐이 되어야 한다. 감사할 일은 운명처럼 갑자기 다가오지 않는다. 가까이에 있는 것들에 감사하기 시작하면 감사의 영역은 넓어진다. 감사하는 마음의 크기만큼 감사할 일이 많아지는 것이다. 감사하려는 나의 마음가짐이 감사할 수 있는 곳으로 데려다주는 것이다.

인생의 회전목마
만화 영화 〈하울의 움직이는 성〉 OST
히사이시 조 久石讓

〈인생의 회전목마〉를 연주하면 두 가지가 떠오른다. 놀이동산에 있는 회전목마와 초등학교 방학마다 그리던 동그란 생활 계획표.

회전목마는 놀이동산의 놀이기구 중에서 속도가 느린 편이라 어린아이가 주로 탄다. 아마도 어른이 회전목마를 타는 건 동심으로 돌아가거나 추억을 회상하고 싶어서일 것이다. 느리지만 계속 움직이는 회전목마는 앞으로 나아가는 듯해도 사실은 원을 그리며 같은 자리를 맴돈다. 그렇게 같은 곳을 반복해서 지나가도 지루하지 않은 이유는 바깥 풍경이 조금씩 바뀌기 때문이 아닐까.

언젠가 나는 생활 계획표에 시각과 할 일 대신 감정을 적어보았다. 그러자 우리 마음속에 여러 감정이 찾아오는 것이 보였다. 그 감정이란 스스로 만들거나 타인과 사건의 영향을 받아 여러 번 바뀌기도 했고, 때론 아무런 감정 없이 무기력해지기도 했으며, 때론 어떤 감정 안에

갇혀서 쉽게 빠져나오지 못하기도 했다.

나는 생활 계획표, 아니 감정 계획표를 회전목마에 대입시켰다. 감정은 회전목마처럼 느리지만 지나가기 마련이라는 생각을 했다. 그리고 회전목마가 원을 그리며 제자리로 돌아오는 것처럼 나도 언젠가 느꼈던 감정을 다시 만날 것이라 여겼다.

지금 한창 감정에 빠져 있다면 상황 분별이 어려울 수 있다. 힘들어하는 누군가에게 나는 그 감정은 지나가는 것이라고 위로를 건네고 싶다. 오늘이 힘들면 내일은 기쁠 수 있고, 그것이 우리 삶의 이치라고 말해주고 싶다. 오늘이 기쁘면 내일은 힘들 수 있다. 여러분에게 위로가 전해지기를 바란다. 지금 어떤 감정 상태에 있든지, 그건 깊이와 농도가 다를 뿐 예전에 겪어보았던 감정이자 어떤 감정의 연장선이다. 회전목마는 원을 그리며 움직이기에 제자리로 돌아오며 바깥 풍경에는 분명 변화가 있다. 지나가고 있다.

플라워 댄스 Flower Dance
디제이 오카와리 DJ Okawari

음악을 듣기 전 예쁜 제목에 먼저 마음을 빼앗겼던
〈플라워 댄스〉.

작곡가는 어떤 꽃을 보았을까.
꽃이 어떻게 춤을 추었을까.
꽃을 바라보는 시선에 머물러본다.

꽃은 스스로 피어나지만 피어나기까지 여러 시간을
깊은 흙 속에서 보내고
물과 햇빛의 도움을, 때로는 사람의 손길을 받는다.
보이는 모습을 아름답다고 한다면
꽃이 피어나기까지 보이지 않는 시간은
고귀하고 위대하다.

꽃이 바람에 흔들리는 모습이 음악이라면

꽃을 춤추게 하는 바람,
꽃이 춤을 추도록 늘 그자리에 있어주는 뿌리,
바람 사이로 전해지는 향기도 음악이다.

그렇게 춤추는 꽃들은 모습과 색, 향기가 다르고
피고 지는 시기가 다를 뿐 아름답지 않은 꽃은 없다.
꽃이라는 이름으로 불리는 모든 꽃은 아름답다.

세상에 알려지지 않은 이름 없는 꽃들도
자신의 시기에 피어나서 향기를 내고 아름다움을
선사하고 있을 것이다.
알아주지 않아도 키워지지 않아도 꽃이라는 이름으로.

우리는 꽃이다.
태어난 시기와 계절이 다르지만 나만의 향기를 내는 꽃.

러브 어페어 Love Affair
엔니오 모리코네 Ennio Morricone

사랑이라는 단어에는 여러 가지 의미가 담겨 있다.
설렘, 감사, 따뜻함, 위로, 외로움, 그리움,
슬픔, 두려움….

여러 감정이 사랑의 이유가 될 수 있고,
사랑이 결과가 될 수도 있다.
사랑하지 않음이 이유가 될 수 있고,
사랑하지 않아 생기는 결과일 수도 있다.

많은 감정 또는 감정과 함께 겪는 이야기들이
'사랑'으로 표현되는 것은
언어의 힘일 수도 있지만,
그만큼 우리가 살아가는 모습들이 닮아 있기 때문이다.
내용은 다르고, 이야기 속 인물들은 다르지만
사랑처럼 삶이, 삶처럼 사랑은 닮아 있다.

겪었다고 해서 다 공감이 되는 것도 아니고,
겪지 않았다고 해서 공감이 어려운 것도 아니다.
듣는 마음에 사랑이 없으면 공감은 어렵고
공감하는 마음에 사랑이 없으면 위로도 위안도
있을 수 없다.

사랑이 결여된 조언은, 조언이라 포장된
자기 과시이자 자랑이고
사랑이 느껴지는 충고는 날카롭더라도 아프지 않다.

보이지 않지만 공기로 느껴지고 눈빛으로 전해지며
피부로 와 닿는 것이 사랑이다.

경험이 감정을 낳고, 감정이 경험이 되어
삶의 한 부분에 영향을 끼칠 때
모난 부분이 정돈되고 부족한 부분이 채워지며
어두웠던 곳에서 빛이 난다.

사랑.
가족과의 사랑

친구와의 사랑
연인과의 사랑
사랑 안에 있는 사람들
사랑 속에서 일어나는 일들

사랑은 여러 감정을 포함하고 있다.
거기에 좋은 감정, 나쁜 감정은 없다.
다뤄보지 못했던 감정이라 서툴렀고
익숙하지 않아 어려웠을 뿐
미숙하고 완벽하지 않은 감정들을 경험하고 전달받으며
사랑을 완성시켜가는 것이다.

모든 감정은 사랑이라는 감정선 그 어디쯤에서
일어나고 있지 않을까.
감정들의 완성이 사랑이 아닐까.

엘리제를 위하여 Für Elise

베토벤 Beethoven

1810년에 작곡되어 지금까지도 사랑받는 베토벤의 〈엘리제를 위하여〉.
제목에서 알 수 있듯 엘리제라는 인물을 위해서 작곡한 곡이다. 사랑했던 여인 엘리제.
엘리제를 만나본 적은 없지만 음악을 듣고 음악을 따라가면, 엘리제를 향한 베토벤의 마음이 느껴지기에 나만의 엘리제를 그려본다.

음악을 통해 작곡가의 마음을 느끼는 것,
글을 읽으면서 작가의 생각과 마음을 느끼는 것은
인간이 가진 능력 중에서 고차원적이고 고독한 능력이다.

작품을 통해 작품을 만든 사람과 작품 속 인물을 만나다 보면, 작품 속 인물에 동화된다. 내가 애쓰지 않아도 저절로 그렇게 될 때가 많다. 그래서 작가라면 글을 쓰면서

언어를 신중히 선택하기 마련이다. 작곡가도 마찬가지로
오선지에 최선을 다해 감정을 쏟아낸다.

언어가 글이고, 행동과 표정이 음악이라면
오늘 나는 어떤 선택을 하며 하루를 보냈는지
단 한 번이라도 생각해보자.
그것이 타인을 위한 것이든, 나를 위한 것이든 말이다.
목적보다는 과정이 중요한 작업이 될 것이다.

유쾌하지만 가볍지 않은,
신중하고 진중하지만 무겁지 않은,
색감이 뚜렷하지만 과하지 않은, 편안하지만 명료한⋯
자신이 추구하는 삶이 있다면 말이다.

베토벤과 엘리제는 내게 지극히 타인이지만
나는 베토벤이 쓴 〈엘리제를 위하여〉를 듣고,
베토벤과 엘리제를 그려보았다.

누군가에게 나도 베토벤이었고
엘리제였던 적이 있었을 것이다.

타인의 시선에 갇혀서 살아가는 것이 아니라,
'내'가 '나'를 만나보는 시간을 가져보자는 것이다.

어 윈터 스토리 A Winter Story, 영화 〈러브레터〉 OST

작곡 레메디오스 Remedios

겨울이 왔다는 것을
두꺼운 외투, 눈, 앙상한 나뭇가지, 짧아진 낮…
여러 가지로 알 수 있다.

무엇보다 피부로 느껴지는 낮은 기온이 겨울이 왔음을
체감하게 한다.
온도는 계절의 변화를 가장 잘 느끼게 하는데
우리 삶에서 일어나는 이야기들에도
각각의 온도와 계절이 있다.

피부가 체감하는 온도는 따뜻한 봄일지라도
마음의 온도는 겨울일 수도 있고
추운 겨울이지만,
내 삶의 온도는 따뜻한 봄일 수도 있다.

나는 지금 어떤 계절에 살면서
어떤 온도의 이야기를 만들어가고 있는가.

봄 이야기
여름 이야기
가을 이야기
겨울 이야기.

라스트 프레젠트 Last Present
시크릿 가든 Secret Garden

선물.
선물은 주는 사람에게도 받는 사람에게도
감정을 느끼게 해준다.

선물하면서 고마움을 표현하기도 하고
미안함을 전하기도 하고 용기와 응원을 전하고
힘을 주기도 한다.

선물을 받으면 선물 자체가 주는 기쁨도 크지만
누군가가 나를 위해 고민해주고, 개인의 소중한 시간을
내주었다는 데 감사와 감동을 느끼게 된다.

음악은 눈에 보이지 않지만 마음 깊이 파고드는 신비한
선물이다.
피아노 앞에 앉아서 살아가는 동안 내 음악과 연주가 누군가에게 작은 선물이 되면 좋겠다는 바람을 품었다.

음악만큼 값지게 받는 선물이 있다면
'오늘'이라는 시간이다.
시간 안에 있는 자연, 공기, 가족, 친구들….
늘 곁에 존재해서 당연하게 여겼을지 모르는 많은 것이
값을 지불하지 않고 거저 받은 선물이다.

맑은 공기, 파란 하늘, 꽃, 나무….
자연이야말로 큰 선물이 아닐까.

도시에서 살다가 시골에 계시는 부모님 댁에 내려가면
아빠는 드라이브하자고 하면서 숲이 우거진 시골길에 꼭
데리고 가신다.
그리고 이렇게 말씀하신다.

"도시에 살다 보면 높은 하늘과 맑은 공기가 그립지 않니? 돈 주고도 살 수 없는 공기니까 많이 마시고 가렴."
어렸을 때는 잘 몰랐는데 이제 도시의 내음과 자연의 내음을 코로 들이마셔 보면

코끝에서부터 차이가 느껴진다.

많은 것을 거저 선물해주는 자연에게 우리는 얼마나 고마워하면서 살고 있는지 생각해야 하고, 크고 위대한 자연에게 보답할 능력은 없지만 그 선물을 잘 지키고 보살피고 있는지 자신을 돌아보아야 한다.

자연이 있어야 오늘이 있을 수 있고,
자연이 있어야 계절이 있을 수 있고,
자연이 있어야 사람이 있을 수 있다.

꽃밭에서
작사 이종택, 작곡 이봉조

나는 꽃이다. 내 삶도 꽃이다.
저마다 피어나는 시기가 다르지만
반드시 피어날 예쁜 꽃이다.
피어나지 않아도 꽃봉오리만으로도 예쁜 것이 꽃이다.

꽃의 이름은 몰라도, 꽃이 꽃이라는 것은 누구나 안다.
꽃이라고 써 있지 않아도 꽃은 꽃으로 보인다.
어떤 색을 가지고 있든지
어떤 향기를 가지고 있든지 말이다.

나는 어떤 향기를 내는 사람인가.
이름 앞에 붙은 호칭과 직급, 사회적 지위를 삭제하고
이름만으로 향기를 낼 수 있는 사람인가.

나는 내 이름만으로도 향기를 발하는 사람이기를 바란다.

어떤 일을 했는지, 어디 학교를 졸업했는지,
지금 무슨 일을 하는지 남이 궁금해하지도 않게.

예전에 공연을 마치고 나오는데 인상적인 분을 만났다. 마침 명함이 다 떨어졌다며 아쉽다고 하셨고, 나중에 SNS 메시지로 다시 한번 아쉬움을 전하셨다.

나는 이렇게 답장을 적어 보냈다.

"OO님, 저는 이미 명함을 받았어요. OO님의 눈빛과 표정, 말씀하시는 모습, 언어가 명함이었답니다. 이미 어떤 분이신지 알 것 같아요. 고이 기억되었답니다."

그보다 더 좋은 명함이 있을까? 명함은 종이와 글이 합쳐진 작은 물건일 뿐이다. 이름, 직책, 소속, 전화번호, 이메일 주소, 주소 등이 적혀 있지만 명함이라는 종이에서는 목소리를 들을 수 없고, 표정을 볼 수 없으며, 없어지면 그만이다.

꽃은 향기로 기억되고,

색깔로 기억되고 모습으로 기억된다.
사람도 향기로 기억되고, 각자 가진 고유의 색으로
기억되고, 목소리로 기억된다.

태어난 모습 그대로 소중하고 이미 아름다운 '사람'이
가진 모든 모습은 아름답다.
저마다 가진 색이 다르고, 어울리는 색이 다르지만
각자 가진 색깔은 고유한 아름다움을 지닌다.
밝기, 채도, 명도가 서로 다를 뿐 모든 색은 아름답다.

우리는 아름다운 꽃이다.
나는 아름다운 꽃이다.
그러므로 나는 아름답다.

chapter 5

아람의 생각들

나는 오늘을 산다

'오늘은 산다'는 건 '오늘만 산다'는 말과는 다르다. 어제의 연장선인 오늘, 내일을 준비하는 오늘, 오늘과 오늘이 모여서 삶이 된다. 어제의 일과 과거의 후회에서 벗어나지 못해 오늘을 제대로 살아내지 못한다면 내일은 더 힘들어질 것이다.

과거는 후회보다 반성으로 대하는 것이 좋다. 나는 20대 때 지나간 시간들을 곱씹고 후회하느라 시간과 에너지를 많이 빼앗겼다. 마음이 뜻대로 되지 않고, 지나간 일들을 생각하면 잠도 잘 오지 않았다. 불면증이 생기면서 다음 날 개운하게 일어나지 못했고 잠이 부족한 탓에 연습도 일도 잘되지 않았다. 악순환의 연속이었다.

가까스로 악순환에서 벗어나자 그런 시간을 보냈다는 사실 자체가 후회되기도 했다. 그러나 그 기분을 오래 간직하지 않았다. 언젠가 나의 경험이 누군가에게 도움되는 날이 올 것이라고 생각하면서 같은 실수를 되풀이하지 않기 위해 반성하고 개선하는 데에 더 많은 에너지를 쏟았다. 감정이 요동치려 하면 이미 경험해본 일이었기에 최선을 다해 마음을 다스리고 상황을 객관적으로 바라보려고 애썼다. 어쩌면 냉정하고 냉철한 행동일 수 있으나, 스스로를 가장 잘 아는 내가 할 수 있는 응급 처치였고 반드시 필요한 조치였다.

  오늘과 오늘이 모여서 만들어지는 내 삶의 중심에는 늘 꿈이 있다. 다른 건 몰라도 꿈을 향해 걸어가는 문아람의 오늘들은 날로 단단해지고 있다. 물론 부딪히면 깨지고 조각날 수도 있겠지만 그런 일이 벌어지는 날도 오늘의 연장선에 있다.

'그렇다면' 주문을 외우며

벽에 부딪히거나 고민이 생겼을 때 스스로 중얼거리는 주문이 있다. 바로 '그렇다면'이다. 어떤 상황이 어렵거나 힘들어 보이면 주저하게 된다. 나는 그럴 적에 벽을 인정하고 스스로에게 '그렇다면 지금 할 수 있는 것은 무엇일까?'라는 질문을 던진다. 실제로 많은 일을 이렇게 해결했다. 일의 크기와 규모, 성장 가능성에 대해서는 별로 상관하지 않았다. 뭐라도 할 수 있는 일이 있기를 바랐고, 그냥 주저앉아 있기보다 하나라도 경험하는 것이 인생의 자양분이 될 것이라고 생각했기 때문이다.

우리가 흔히 사용하는 '그러나'라는 말은 그 앞의 내용과 반전되는 내용 다음에 온다. 이에 비해 '그렇다면'은 앞의 상황을 인정하되 다음 행동을 이어나가게 한다. 예를 들면 다음과 같다.

그렇다면 지금 할 수 있는 것은 무엇일까?

"나는 유학을 갈 수 없는 상황이다. 그렇다면 지금 꿈을 이루기 위해 할 수 있는 것은 무엇일까?"

"서울도 넓고 넓다. 외국에서 공부해야만 유학은 아니니까 서울에서 유학할 수 있는 또 다른 학교를 찾아보자. 내게 지금 가장 필요한 공부는 무엇일까?"

그렇다면이라는 접속어는 내가 다음에 해야 할 행동을 알려주는 역할을 한다.

"책을 쓰는 작가가 되어서 많은 사람과 생각을 나누고 싶고, 강연을 하면서 살고 싶다."

하지만 나는 지금 작가도 아니고, 출판한 책도 없다.

"그렇다면 지금 내가 할 수 있는 것은 무엇일까? 나는 무엇을 해야 할까? 언젠가 출판 업계에 있는 사람을 만날지도 모르니 우선 글을 써보자."

그렇다면은 막힌 벽을 허물어주고 다른 세상을 바라보게 해준다. 여러분도 그렇다면 주문을 외워보길 바란다. 아마 예상보다 훨씬 쉽게 생각이 열리는 것을 느낄 수 있을 것이다.

고인 감정은 흘려보내세요

감정이 고이면, 흘려보내야 하고 표현해야 한다.
감정을 쌓는 것과 고이게 두는 것은 다르다.
감정은 고이게면 썩고 변해간다.
때로는 감정을 움켜쥐고 있느라 마음 안에 여유 공간이 없다는 것을 늦게 알아채기도 한다.

나는 감정이 고일 경우 오선지에 흘려보내고 피아노에 쏟아부었다.
훌륭한 작곡가들의 곡을 연주하면서 마음이 시원해지지 않으면, 작곡을 배워본 적도 없지만 마음으로 온갖 곡을 써내려갔다.

이별했을 때 이별 노래를 들으며 마음을 달래고, 지치고 힘들 때 위로가 되는 노래를 들으면서 힘을 얻는 것처럼 말이다.

음악을 마음으로 듣고, 음악에 감정을 기대기도 하고 흘려보내기도 했다.

내게 음악은 단순히 음악이 아닌 마음이고,
오선지에 수놓인 음표는 암호가 아닌 말이었고,
쉼표는 내 숨이었다.

우리는 어디에 어떻게 감정을 쏟아붓고 있는가.
그것을 어떻게 풀어가는지는 내게도 타인에게도
사회에도 중요하다.

할머니도 아줌마도
모두 내 친구

 나는 친구의 나이를 따지지 않는다. 어릴 적부터 대화가 통하거나 생각이 비슷한 사람과는 친구로 지냈다. 심지어 대화가 잘 통하지 않거나 생각이 비슷하지 않더라도 내 말을 경청해주고 배려해준다면 누구나 친구로 삼았다. 그래서 선생님이, 우연히 만난 어른이, 가족이 모두 내 친구였다.

 눈 내리면 뒷산에서 비료 포대로 썰매를 타고 바람이 불면 연을 날리며 놀던 초등학생 시절의 일이다. 부모님이 워낙 동네 어르신들과 잘 지내셔서 우리 집에는 어르신들이 자주 놀러오셨다. 그중 할머니 한 분이 꾸준히 우리 집에 들르셨는데, 동네 사람들 이야기, 할머니가 살아온 이야기, 며느리 이야기를 허심탄회하게 털어놓으시곤 했다. 그 말씀이 전부 이해되지는 않았지만 할머니의 표정과 눈빛만으로도 무슨 말씀을 하고 싶으신지 알 수 있어서 할머니 마음을 시원하게 해드렸던 것 같다.

"아, 그러셨구나."

"할머니, 엄청 속상하셨겠어요…."

"아이고!"

이렇게 맞장구쳐드리는 것이 재미있었고, 할머니도 즐거워하시니 기분이 좋았다. 비록 나이 차가 많은 어른이지만 할머니는 진심으로 자신의 이야기를 들려주셨고 내 이야기에 귀 기울여주셨다. 그래서 우리는 절친한 친구가 될 수 있었다.

언젠가는 동네 할머니가 한바탕 긴 대화를 하시고 돌아가신 뒤, 동생이 방문을 열어 한마디 했다.

"누나, 할머니랑 무슨 대화를 그렇게 잘해? 진짜 대단하다."

어느 겨울 성탄절에는 동네 할머니들과 팀을 이루어 행사에 참여하기도 했다. 팀명은 '우리는 미스코리아'. 각자의 개성을 살린 미스코리아 스타일 인사를 하며 코믹한 자기소개를 해서 행사장을 뒤집어놓았다. 이렇듯 재밌는 일을 벌일 수 있었던 건 평소 허물없이 대화하며 우정을 나눈 덕분이다.

대학생이 되어서도 나는 남녀노소를 가리지 않고 여러

사람과 친구로 지냈다. 특히 아르바이트로 많은 학생을 가르쳤는데, 학생만큼이나 학생의 어머니들과도 잘 지냈다. 레슨을 마친 뒤 자녀 이야기로 시작된 대화가 여자로서 살아가는 고민으로 이어지기도 하고, 인생 선배로서 좋은 말씀을 듣기도 했다.

고향을 떠나 서울에 정착한 지 얼마 안 되었던 스무 살 무렵, 위가 자주 아파서 병원을 제 집 드나들 듯했다. 낯선 곳에서 혼자 생활하느라 늘 긴장한 상태이기도 했고, 피아노에 열중하느라 그냥 넘어갔던 사춘기가 20대 초반에서야 찾아와 나를 더욱 힘들게 했다.

그러던 어느 날 한 학생의 집에 레슨을 갔더니 학생 어머니가 전복죽을 끓여 대접해주셨다. 내 안색과 건강이 걱정된다고 하시면서 말이다.

"위가 아플 때는 죽을 먹어야 해요."

그날 먹었던 전복죽의 맛은 여태까지 잊을 수 없다. 부모님과 떨어져 지내는 모습이 딸 같아서 안타까우셨던 모양이다. 그 뒤로도 그 집 어머니는 다양한 간식부터 내가 처음 보는 요리까지 뭐 하나라도 늘 챙겨주셨다.

그 집의 학생은 내가 서울에 와서 가르친 첫 제자였다. 그런데도 학생의 어머니가 이제 겨우 대학생이 된 나를 꼬박꼬박 '선생님'이라고 불러주셔서 얼마나 감사했는지 모른다. 이후로도 그 집 학생을 오랫동안 가르치며 학생은 물론 어머니와도 돈독한 관계를 유지할 수 있었다. 우리는 10여 년이 지난 지금까지 안부를 종종 확인하며 서로를 응원하는 사이로 지낸다.

자유롭고 담백한 우정이 좋다

"애어른이야." "철이 빨리 들었구나." "조숙하다." 나는 어린 시절부터 이런 말을 많이 들었다. 하지만 그 말은 사실이 아니었다. 워낙 피아노 연주가가 되고 싶다는 꿈을 일찍부터 갖다 보니 그렇게 보였을 뿐이다. 너무 목표가 뚜렷해서 주요 관심사인 꿈 이야기 외에는 할 말이 없었다. 이런 내 모습에 어떤 사람들은 10대가 주로 해야 하는 생각, 20대가 주로 해야 하는 생각이 정해져 있는 것도 아닌데 나를 쉽게 규정하곤 했다.

반대로 나를 있는 그대로 봐주는 사람들도 있었다. 유난스럽지 않게 충분히 공감해주고, 무겁지도 가볍지도 않은 사이로, 바라는 것도 원하는 것도 없으며 무언가 주고받아야 한다는 의무나 불편한 마음은 없으나 늘 주려고 하고, 서로를 구속하지 않으면서 응원을 아끼지 않는 그런 사람들. 글로 풀어보니 영화나 드라마 속 인물처럼 이상적이어서 현실에 존재하지 않을 것 같지만 그런 사람들이 내 곁에 존재했고 지금도 있다.

"나 꼭 꿈 이룰 거다?"
"나 꼭 서울로 대학 갈 거다?"
"나 꼭 피아니스트 될 거다?"

다짐도 아닌, 질문도 아닌 이 정체불명의 문장을 나로부터 가장 많이 들었던 친구가 있다. 스스로 하는 다짐이었는데 마음속으로 외치자니 효과가 없을 것 같아 그 친구에게 수없이 표현했었다. 그럴 때마다 친구는 지겨워하지 않고 가만히 내 말을 들어주었다. 그러고선 "너는 꼭 이룰 수 있을 거야"라며 담백하게 응원해주었다.

우리는 고등학교 시절 다른 반이었으나 수준별 수업이 이루어지는 수학 과목에서만큼은 '너무 열심히 공부할 필요가 없는 반'에 속했다. 수학을 싫어하는 것은 아니었지만, 우리가 목표로 하는 대학은 수능의 수리 영역 점수를 반영하지 않았다. 10대였던 우리는 이 작은 공통점으로 친해지기 시작했다.

우리는 마음이 잘 맞아 수학 시간 말고도 점심시간 등에 종종 만나서 교정을 같이 걷거나 벤치에 앉아 꿈 이야기를 했다. 우리 학교는 산 중턱에 있어서 아침마다 등산

하듯 등교했는데, 그 덕분에 교정의 벤치에 앉으면 밀양 시내가 한눈에 들어왔다. 우리는 시내 풍경을 내려다보거나 하늘을 올려다보면서 꿈 이야기를 자주 나누었다.

"나 반드시 피아니스트가 되어서 다시 학교를 찾아올 거야."

"나 진짜 열심히 피아노 해서 네게 자랑스러운 친구가 될 거야."

내가 이럴 때마다 친구는 고개를 가만히 끄덕였다. 그리고 피아노 외에 다른 데는 별로 관심이 없는 내게 많은 것을 알려주었다. 떡볶이가 특별히 맛있는 분식집에 데려가주기도 하고 오락실에서 스트레스 푸는 법도 알려주었다.

10여 년이 지난 지금도 우리는 우정으로 맺어진 관계지만 각자 자유로우면서도 서로 힘이 되어주는 친구로 지낸다. 만나면 추억의 음식인 떡볶이를 사 먹고 근처 공원을 걸으며 이야기를 나눈다. 분명 우리는 앞으로도 오래오래 서로에게 좋은 친구가 되어줄 것이다.

생각 주도권은 나에게

살아가다 보면 내가 원하지 않는 감정과 경험이 문을 두드릴 때가 있다. 내 의지와는 상관없이 거절을 당하거나, 내 생각과는 다르게 핀잔을 듣거나, 내 포부와는 관계없이 부담스런 평가를 받거나…. 처음에는 노크 없이 불청객처럼 마주한 이런 일들이 나를 너무 아프게 했다. 하지만 점차 달콤한 말만 듣고 살 수 없다는 깨달음을 얻었다. 불편한 이야기들도 귀담아 들어야 바르게 성장할 수 있다는 생각으로 객관적인 평가라면 기꺼이 받아들이기로 했다.

그때부터 상대방의 말을 귀담아 듣고 나서 이를 또 하나의 경험으로 여기기 시작했다. 다만 그 내용에 감정을 다치지 않게 하려고 조심하면서 말이다. 즉, '거절을 당했다, 좌절했다, 상처를 받았다'가 아니라 '거절을 당해보았다, 거절을 경험해보았다'라고 생각한 것이다. 이 방법은 유난히 타인의 마음과 감정을 잘 읽는 내게 큰 도움이 되었다.

 생각은 우리의 몸과 마음을 지배하고 나아가 우리 삶까지 움직인다. 이 같은 거대한 영향력을 고려할 때 '생각에 대한 태도'를 스스로가 결정할 필요가 있지 않을까. 어떻게 생각하는지에 따라 하루를 보내는 내 기분이 좌우되고, 내 언행이 결정되고, 더 나아가 타인과의 관계, 나 자신과의 관계가 달라진다. 그러니 남에게 쉽게 휘둘리지 말고, 생각의 흐름을 그냥 놔두지 말자. 생각 주도권을 꼭 쥐고 살아가보자.

에필로그

제 인생 길을 함께 걸어 '에필로그'에 도착해주셔서 감사합니다. 이 책이 여러분의 마음에 어떤 생각을 전해줄지를 궁금해하면서 글을 마무리하려 합니다. 한 권의 책을 펴내면서 글쓰기를 사랑하게 되었고, 무엇보다 제가 걸어온 길들을 돌아보면서 자신을 칭찬하고 사랑해주는 선물 같은 시간을 보냈습니다. 일기나 곡을 쓰는 것과 책 쓰는 것에는 천지 차이가 있다는 것도 알게 되었고요.

일기에서처럼 감정 한 조각을 추상적으로 풀어내는 것이 아니라 누군가에게 편지를 보내듯 마음을 솔직하고 구체적으로 적어가는 동안, 당시의 감정을 깊이 느꼈고 생각을 열어보았습니다. 완성형으로 살아가는 사람은 없습니다. 누구나 넘어지고, 어려움을 겪고, 부족하더라도 목표를 가지고 도전하며 살아가는 삶에는 활력이 있고 생기가 돕니다. 그런 사람은 비록 성공하지 못하더라도,

과정 가운데 하루하루를 행복하게 보내기 마련이라 또 다른 의미의 성공을 경험하게 됩니다. 세상을 바꾸는 것보다 사회를 바꾸는 것이 쉽고 사회를 바꾸는 것보다 상황을 바꾸는 것이 쉽고 상황을 바꾸는 것보다 나의 마음과 생각을 바꾸는 것이 쉽습니다.

상황을 탓하면 불만과 불평이 생기지만 나를 탓하면 문제를 발견하고 나를 변화시킬 수 있는 기회를 얻게 되죠. 나를 바꾸는 주체가 '나'이기 때문에 누구를 설득할 필요도 없습니다. 여러분이 지금 서 있는 곳은 어디인가요. 어떤 길을 걸어왔나요. 제 책이 여러분의 과거와 현재를 잇는 통로가 되었으면 좋겠습니다. 외로운 길을 걸었다면 그 시절로 돌아가서 자신에게 친구가 되어주고, 행복한 길을 걸었다면 그 시절로 돌아가서 마음껏 축복해주고, 어려운 길을 걸었다면 그 시절로 돌아가서 자신의 응원군이 되어보세요. 정답을 좇지 않고, 정답에 끼워 맞추지 않고, 있는 그대로의 자신에게 말이죠.

인생에 정답이 있을까요? 누구의 삶이 옳고, 다른 누구의 삶은 그르다고 할 수 있을까요? 먼저 겪어본 사람이 경험을 통해 옳고 그름을 분별하게 되었다고 해도, 성격과 성향, 환경이 다른 타인에게 그 기준을 똑같이 적용할 수는 없습니다. 저는 이 책을 쓰면서 전지적 작가 시점으로 주인공인 '나'를 바라보고, 나만의 장르 속에서 주인공으로 살아보았고, 그 결과 배움과 기쁨을 얻었습니다. 집필하는 동안 글이 있는 공간에는 오로지 '나'가 가득했으며, 창작과 수정, 삭제와 되돌리는 작업의 반복은 어렵긴 했어도 꽤 유쾌했습니다. 덕분에 스스로와 대화할 수 있었고 많은 질문을 던져볼 수 있었으니까요.

  글을 쓰는 동안에는 음악도 없었고 정적만이 가득했습니다. 음악을 들으면 청각을 포함한 모든 감각이 음악으로 향하고, 어느새 머리에서 오선지가 펼쳐져 음표가 그려지고, 심장이 음표를 따라가는 과정이 반사적으로 일어나기에 음악도 듣지 않은 채로 글쓰기에 몰두했습니다. 제 경험과 생각이 대단하지는 않으니 어쩌면 외면당하거나 부정당할 수 있다는 생각에 두렵기도 했지만, 제 글이 단 한 사람의 마음에라도 닿을 수 있다면 그것만으로도 감사하다는 마음으로 용기를 냈습니다.

  저와 여러분의 삶에 공통점이 있습니다. 우리는 생각 속에 살고, 타인 속에서도 살고, 경험하고 깨달으며 삶이라는 예술을 만들어가고 있다는 것이죠. 예술은 때로 경연을 통해 순위를 가리기도 하지만 예술의 본질은 그 자체로 빛나는 것이므로 우리 삶도 그 자체로 아름답습니다.

물론 타인의 시선에서는 달리 비칠 수도 있습니다. 온 시선을 내게만 집중하면 부모님도 타인이고, 동생도 타인이며, 친구도 타인이죠. 겪어보지 않은 일을 쉽게 여기고 편하게 말하며 흥미를 가지는 것은 타인의 시선으로 바라보기 때문입니다. 그 상황을 직접 겪으며 주인공으로 살아가는 사람을 공감하기란 쉽지 않습니다.

우리는 하루에도 수차례 1인칭 시점, 2인칭 시점, 3인칭 시점에 놓이며 다양한 삶을 경험합니다. '너'와 '나', '우리'는 저마다의 삶에서는 주인공입니다. 친구들과 나누는 대화, 부모님에게 드리는 안부 연락, 이어폰 너머로 들리는 음악, 한강 다리를 지나면서 보는 노을, 아침에 들리는 새소리, 이해할 수 없는 타인의 행동, 잔소리, 꾸지람, 생활 속에 가득한 소리들, 많고 많은 사람들…. 이것들이 나의 장르 속 여백을 채워주고, 다양한 에피소드를 존재하게 하기에 내가 배우고 다듬어집니다. 하나도 헛된 것이 없습니다.

늘 아름답고 좋을 수만은 없죠. 모든 예술가가 우여곡절과 시행착오를 거치고 연습과 고된 훈련 과정을 거치는, 것처럼 때로는 결과보다 과정이 빛나고 박수받는 것처럼. 오늘이 있기까지 삶에 새겨진 순간들을 돌아보면 그래도 예술이었다고 말하고 싶습니다. 힘들고 지치기만 했던 순간도 아름다웠다고, 돌아볼 순간이 있다는 것만으로도 충분히 자랑스럽다고 칭찬해주세요. 그 시간들이 있기에 지금의 내가 존재하니까요.

그런 제 삶에 빛나는 조연이자 주연, 신스틸러가 되어주신 존경하는 부모님, 사랑하는 동생 아론, 예찬, 사랑하고 보고 싶은 외할머니, 외할아버지에게 깊이 감사드립니다. 이 책이 가족의 여백에 은은한 빛이 되면 좋겠습니다. 책을 쓸 수 있게 도와주고 늘 응원해주시는 이서형 과장님, 책을 만들어주고 좋은 말씀으로 항상 용기를 주신 별처럼 빛나는 글, 별글 이삼영 대표님, 진심으로 감사합니다. 아티스트로 살아가면서 평생 영광스러운 무대로 기억될 교보문고 보라쇼. 따뜻하고 맑은 책과 음악이 로맨틱하게 수놓아지는 보랏빛 현장에서 찬란한 빛이 되어주는 보라지앵분들 감사합니다. 카메라 하나 없이 거리에 나섰던 저를 예쁘게 담아주고 기록해주신 홍낙현 선생님 감사합니다. 언제나 문아람 곁에서 빛과 소금이 되어주고, 내 모든 활동의 이유가 되어주시는 영원한 '나의 여러분' 감사합니다.

마지막으로 책을 읽어주신 여러분에게 깊은 감사를 드립니다. 당신은 누가 뭐래도 주인공이며, 감독이며, 작가입니다. 삶을 만들어가세요. 응원합니다.

그저 피아노가 좋아서

초판 1쇄 발행 | 2021년 11월 3일

지은이 | 문아람
일러스트 | 조경현

펴낸이 | 이삼영
책임편집 | 눈씨
디자인 | 호기심고양이

펴낸곳 | 별글
블로그 | blog.naver.com/starrybook
등록 | 제 2014-000001호
주소 | 경기도 고양시 덕양구 고양대로 1393, 4층 403호(성사동)
전화 | 070-7655-5949   팩스 | 070-7614-3657

- 이 책은 저작권법에 따라 보호를 받는 저작물이므로 무단전재와 복제를 금하며, 이 책 내용의 전부 또는 일부를 사용하려면 반드시 저작권자와 별글 출판사의 서면 동의를 받아야 합니다.

- 책값은 뒤표지에 있습니다. 잘못된 책은 바꾸어드립니다.

ISBN 979-11-89998-58-5 03670

별글은 독자 여러분의 책에 대한 아이디어와 원고 투고를 기다리고 있습니다.
책 출간을 원하시는 분은 이메일 starrybook@naver.com으로 간단한 개요와 취지, 연락처 등을 보내주세요.